C. W. M. Grein

Kurzgefasste angelsächsische Grammatik

C. W. M. Grein

Kurzgefasste angelsächsische Grammatik

ISBN/EAN: 9783744654425

Hergestellt in Europa, USA, Kanada, Australien, Japan

Cover: Foto ©Paul-Georg Meister /pixelio.de

Weitere Bücher finden Sie auf **www.hansebooks.com**

Kurzgefasste

Angelsächsische Grammatik

von

Prof. Dr. C. W. M. Grein.

KASSEL.
Georg H. Wigand.
1880.

Vorliegende, „Kurzgefasste Angelsächsische Grammatik" enthält Laut- und Formenlehre d e r sprache, welche Koch und nach ihm auch Grein „Altangelsächsisch" nannten, welcher andre gelehrte dagegen den namen „Altenglisch" geben. In übereinstimmung mit Grein's Bibliothek der Angelsächsischen Poesie und dessen Bibliothek der Angelsächsischen Prosa gab ich den obigen titel.

Die grammatik ist genau so gegeben, wie sie sich in einem sorgfältig ausgearbeiteten collegienhefte über: „Historische Englische Grammatik (vorgetragen im sommersemester 1874)" vorfand. Obgleich gar manches darin steht, womit ich in keiner weise übereinstimmen kann, so habe ich doch durchaus nichts daran geändert. Es ist zu schwierig die werke verstorbener umzuarbeiten ohne entweder etwas ganz neues zu geben oder sie doch nur teilweise auf den neuesten standpunkt der wissenschaft zu bringen.

Für den inhalt kann mich also niemand verantwortlich machen. Auch für allenfalls stehengebliebne druckfehler darf man mich nur in geringem umfang zur rechenschaft ziehen, da ich das lesen der correctur nur bei dem kleinsten teil des werkchens übernahm.

Das einzige, worüber man mit mir rechten kann, ist, dass ich diese blätter zum drucke beförderte. Doch gegen einen vorwurf in dieser richtung schützt mich des verfassers name. War irgend jemand in Deutschland auf grund seiner studien berechtigt, eine Angelsächsische grammatik zu schreiben, so war es Grein, der begründer des studiums des Angelsächsischen in Deutschland!

Leipzig, im November 1879.

Richard Paul Wülcker.

Einleitung.

Die englische Sprache, wie sie heute gesprochen wird, ist zwar ihrem eigentlichsten Wesen nach sowol in grammatischer als auch bei Weitem zum grössten Teil in lexicalischer Hinsicht germanisch. Gleichwol haben aber auch die Sprachen der nichtgermanischen Völkerstämme, welche zu verschiedenen Zeiten in Grossbritanien auftraten, sowie das Lateinische als Gelehrten- und Kirchensprache mehr oder weniger zu ihrer Ausbildung beigetragen, ganz abgesehen davon, dass namentlich in neuerer Zeit in Folge der modernen Cultur und des ausgedehnten Weltverkehrs der englische Sprachschatz sich aus fast allen Sprachen der Erde rekrutiert.

Soweit die Geschichte zurückreicht, erscheinen als die ältesten bekannten Bewohner Grossbritanniens *keltische Völkerschaften*, nemlich in Irland und im nördlichen Teil von Wales die *Gälen* (*Iren, Ersen*), im übrigen England die kymrischen *Briten*, und in Schotland die *Caledonier* oder, wie sie seit dem 4. Jahrh. heissen, die *Picten*. Seit dem 4. Jahrh. aber erscheinen im südwestlichen Teil von Mittelschottland (Argyle) auch noch die aus Irland eingewanderten *Scoten*, welche dann später durch neue Zuzüge aus Irland verstärkt sich auf Kosten der Picten immer weiter ausbreiteten, bis sie schliesslich im Jahr 839 deren Herschaft völlig vernichteten und fortan die Picten ganz in den Scoten aufgiengen.

Die Unterjochung Britanniens durch die *Römer* begann unter Cæsar im Jahr 55 v. Chr., und im Jahr 120 n. Chr. war ganz England nordwärts bis zur sog. *Hadriansmauer* oder dem *Pictenwall* der Römerherschaft unterworfen; diesen verschanzten Wall, der vom Solwaybusen ostwärts bis zur Mündung des Tyne reichte, liess damals Kaiser Hadrian zum Schutz gegen die räuberischen Einfälle der Caledonier errichten. Zwar suchte Kaiser Severus im Jahr 209 auch noch den Rest der Insel zu erobern und drang auch wirklich bis zum Nordende vor, musste jedoch unverrichteter Sache wieder umkehren und begnügte sich damit, die Hadriansmauer durch neue Befestigungswerke zu verstärken. Im Laufe des 4. Jahrh. aber begann die Stellung der Römer in Britannien immer wankender und unhaltbarer zu werden, während einerseits wiederholte verheerende Einfälle der Picten und Scoten aus Schottland und der Gælen aus Irland und Nordwales sowie andrerseits Angriffe deutscher Seeräuber von Südosten her die Provinz bedrängten. Und als dann im Jahr 409 die letzten römischen Legionen aus Britannien zurückgezogen waren, sahen sich die unter der Römerherrschaft verweichlichten Briten den von Norden und Westen immer mächtiger andringenden Räuberschaaren schonungslos preisgegeben. Vergeblich wandten sie sich nach Rom um Hilfe in ihrer Bedrängnis. Da entschlossen sie sich mit ihren seitherigen Feinden im Südosten, den deutschen Stämmen an den Küsten der Nordsee, gemeinsame Sache zu machen und dieselben um Beistand anzurufen gegen ihre nördlichen und westlichen Feinde. Die erflehte Hilfe wurde ihnen geleistet, aber zu ihrem eignen Verderben. Zunächst landete 449 eine Schaar *Jüten* aus Jütland unter Hengist und Horsa und vertrieb die Gælen aus Nordwales nach Irland, sie selbst aber liessen sich in Kent nieder, wo sie 457 ein Königreich gründeten, und von hier aus kehrten sie nun ihre Angriffe gegen die eignen Bundesgenossen, die Briten. In grossen Zwischenräumen kamen immer neue Schaaren deutscher Stämme von den Küsten des Festlands, und es begann nun ein langjähriger Vernichtungskampf gegen die Briten. Im Jahr 477 landeten *Sachsen* aus Holstein unter Ätla und gründeten *Sussex* (Sũdseaxna rĩce); ihnen folgten 495 abermals *Sachsen* unter Cerdic und gründeten nach langen Kämpfen mit den Briten 519 *Wessex* (Vestseaxna rĩce), und eine dritte Schaar *Sachsen*, welche 530 landete, gründete *Essex* (Eástseaxna rĩce). Im Jahr 527 landeten *Angeln* aus Schleswig in Norfolk und Suffolk, und gründeten dort das Königreich *Ostangeln;* später landeten zu verschiedenen Zeiten noch neue Schaaren von *Angeln* und gründeten die Reiche *Beornicia* (547), *Deira* (560) und *Mercia* (586): Beornicia und Deira bilden zusammen *Nordhumbrien* d. h. das Land nördlich vom Humber. So berichtet der zu Anfang des 8. Jahrh. lebende Kirchenhistoriker Beda; verschiedene Gründe sprechen jedoch dafür, dass die Nordhumbrier keine Angeln, sondern vielmehr *Friesen* waren.

Alle diese von Jüten, Sachsen, Angeln und Friesen gegründeten Königreiche, welche den grössten Teil des heutigen Englands umfassten, waren unter hartnäckigen Kämpfen den Briten abgezwungen, und diese, noch dazu wiederholt unter einander in Bürgerkriege verwickelt, mussten Schritt vor Schritt den eingewanderten Germanen weichen: es blieben ihnen schliesslich nur noch die unzugänglichen Berggegenden des heutigen *Wales* und *Cornwall*, während ein Teil von ihnen nach Armorica an der Nordwestecke Frankreichs übersiedelte, das davon den Namen *Bretagne* erhielt. Die Bewohner von Wales, die sich noch jetzt *Brython* nennen, haben ihre Sprache bis auf den heutigen Tag bewahrt, während die cornische Sprache in Cornwall seit dem Ende des vorigen Jahrhunderts ausgestorben ist. Nur ein sehr kleiner Teil der Briten beugte sich unter das Joch der Sieger und verschmolz mit der germanischen Bevölkerung: daher galt ags. *Vealh* (pl. *Vealas)* d. h. Wälsche, eine Bezeichnung der Briten, als gleichbedeutend mit Diener oder Sclave.

So war das heutige England und der früher zu Nordhumbrien gehörige südlichste Teil von Schottland mit Ausschluss von Wales und Cornwall in der verhältnismässig kurzen Zeit von 137 Jahren nach Sitte, Sprache, Verfassung und Bevölkerung vollständig germanisiert. Bei Weitem die überwiegende Mehrzal der germanischen Bewohner Englands, wenigstens südlich von Humber, aber bildeten die *Angeln* und die *Sachsen*, und daher trat schon frühzeitig bei den einheimischen Schriftstellern die Bezeichnung *Engle and Seaxan* oder *Angulseaxan* als Collectivname ein; daneben aber galt zuweilen auch *Engle* (lat. *Angli*) allein als Collectivname (*on Englisc* bei Älfred, Älfric), während die Briten unterschiedslos alle Germanen des Landes *Sachsen* nannten und sie noch heute so nennen. Die Bezeichnung *Angelsachsen* ist keineswegs, wie fast allgemein angenommen wird, erst im 17. Jahrh. durch Franciscus Junius (Dujon), den Begründer der ags. Studien gebildet, sondern bereits von der Zeit an, wo König Älfred die Herschaft über ganz England erlangte, erscheint in den Urkunden neben den Bezeichnungen rex Saxonum, rex Anglorum, rex Anglorum et Saxonum, Rex Anglorum - Saxonum, rex totius Albionis etc. auch die Bezeichnung *rex Angulsaxonum*, *Angolsaxonum*, *Anglosaxonum* oder mit der ags. Flexion *rex Angulsaxna* und *Ongolsaxna*, in nicht weniger als 36 Fällen, nemlich unter den Königen *Älfred* (4 mal), *Eádveard* (15 mal), *Ädelstân* (3 mal), *Eádrêd* (1 mal), *Eádvig* (6 mal), *Ädelrêd* (2 mal) und *Eadveard dem Bekenner* (5 mal). Dass aber die Bezeichnung *Angelsachsen* eigentlich zunächst nur den Bewohnern südlich vom Humber im Gegensatz zu den Nordhumbriern zukam, sehen wir daraus, dass der König in 2 Urkunden des 10. Jahrhunderts sich ausdrücklich *König der Angelsachsen und der Nordhumbrier* nennt *(rex Angulsaxna and Nordhymbra* 946, *rex Angulsaxna et*

1*

Northanhumbrorum 956). Wir sind also in vollem Rechte, wenn wir unter *Angelsächsisch* im engeren Sinne nur die Dialecte südlich vom Humber im Gegensatz zum *Nordhumbrischen* verstehen.

Was nun den Einfluss betrifft, den die *Sprache der Briten* auf die angelsächsische und nordhumbrische Sprache geübt hat, so lässt sich ein solcher mit Sicherheit nur in lexicalischer Hinsicht nachweisen: auf diesem Gebiete aber ist er in der Tat unleugbar. Nicht bloss an den Städten, Bergen, Flüssen etc. blieben zum grossen Teil die alten britischen Namen haften, sondern bei der nahen und langdauernden Berührung der Eroberer mit den keltischen Ureinwohnern, namentlich aber dadurch, dass ein Teil der Unterjochten als dienende Classe in die Familien der Sieger eintrat, war es natürlich, dass die Letzteren auch gar manche auf Dinge des alltäglichen Lebens bezügliche Ausdrücke aus der Sprache der Briten aufnahmen, die aber in grammatischer Hinsicht der eignen Sprache anbequemt wurden und im Geiste der Letzteren auch sonst mancherlei Veränderungen erfuhren: viele britische und gälische Wörter freilich, die sich heute im Englischen finden, sind erst in späteren Perioden aufgenommen worden. Allenfalls könnte man versucht sein, auch die vielfachen unreinen Mischlaute im Vocalsystem, welche nicht bloss das heutige Englisch, sondern in ziemlich ausgedehntem Maasse auch schon das Angelsächsische in auffallendem Gegensatz zu den gleichzeitigen übrigen deutschen Sprachen characterisieren, britischem Einfluss zuzuschreiben: doch dürfte diese Erscheinung wol eher als eine unmittelbare Folge der klimatischen Verhältnisse der Insel zu betrachten sein, sodass unabhängig von einander bei beiden Völkern, bei den Briten und bei den eingewanderten Germanen, gleiche Ursache auch gleiche Wirkung hervorgerufen hat.

Von einem directen Einfluss der *Römerherschaft* in England auf die Sprache der Angelsachsen kann natürlich nicht die Rede sein, da die Römer bereits ein halbes Jahrhundert vor der Einwanderung der Germanen das Land verlassen hatten. Und gleichwol lassen sich unverkennbare Spuren der Nachwirkung im Angelsächsischen nicht weg- läugnen. Sicher wenigstens sind dahin zu rechnen Ortsnamen auf *-ceastre* (lat. *castra*) und auf *-coln* (lat. *colonia*) z. B. *Lincoln = Lindum colonia*, sowie *stræt* (lat. *strata* Strasse) und einige ähnliche Wörter. Auch sonst mögen vielleicht manche lateinische Wörter durch das Medium der Briten, welche dieselben in ihre Sprache adoptiert hatten, ins Ags. übergegangen sein. Bei weitem die grösste Zal *lateinischer Wörter* jedoch, die wir bereits im 8. Jahrh. völlig germanisiert im Ags. finden, sind jedenfalls erst durch die *Einführung des Christentums* und der damit in Verbindung stehenden *gelehrten Bildung* sowie durch die seitdem bestehende nähere *Beziehung zwischen England und Rom* in die Sprache aufgenommen worden.

Gregor der Grosse sandte bald nach seiner Besteigung des päpstlichen Stuls den Benedictinerabt *Augustinus* mit 40 Gefährten nach England zur Bekehrung der Angelsachsen. Sie landeten im Jahr 596 in *Kent* und fanden dort freundliche Aufnahme bei dem König *Ädelbyrht*; dieser war dem Christentum bereits günstig gestimmt durch seine christliche Gemalin, eine fränkische Königstochter, welcher er schon früher gestattet hatte, die zerstörte britische Martinskirche zu Canterbury durch ihren Beichtvater zum Gottesdienst wiederherzustellen, und die Glaubensboten durften ungehindert dem Volke ihre Lehre verkünden. Noch vor Ablauf eines Jahres liess sich der König taufen und seinem Beispiel folgten am 1. Weihnachtstage 10000 seiner Untertanen. Auch in den übrigen Königreichen erfolgte dann successiv die Einführung des Christentums, und zwar in *Essex* seit 604, in *Nordhumbrien* seit 627, in *Ostangeln* seit 630, in *Wessex* und *Sussex* seit 635 und in *Mercien* seit 659, sodass bereits in der 2. Hälfte des 7. Jahrhunderts im Allgemeinen das Christentum als über ganz England verbreitet gelten konnte.

Die Einführung des Christentums begründete eine neue Ära in der Entwickelungsgeschichte der Angelsachsen. Die Einwanderung fremder Geistlichen aus cultivierten Ländern, die Pilgerfahrten fürstlicher Personen nach Rom, der rege Verkehr mit Gallien und Italien förderte Bildung und erweckte den Trieb nach Belehrung und Wissen. Dazu kam als wesentlichstes Förderungsmittel die gleichzeitige Einführung einer ausgebildeten *Schreibkunst*; denn die unbeholfenen nicht geschriebenen sondern eingeritzten und eingemeisselten *Runenzeichen*, welche die heidnischen Angelsachsen gleich den übrigen deutschen Stämmen besassen, wurden ausser ihrem religiösen Gebrauch beim Zaubern und Looswerfen zwar auch als Buchstaben zur Mitteilung kürzerer Botschaften und zu Inschriften, niemals aber zur Darstellung grösserer Schriftwerke verwendet. Durch die Einführung der *lateinischen Buchstabenschrift* dagegen wurde zunächst die Möglichkeit einer einheimischen *lateinischen Literatur* geschaffen, wie sie namentlich durch *Beda Venerabilis* (672—735) und *Aldhelm* (640—709) vertreten ist; in Beda's Kirchengeschichte der Angelsachsen, in seinen zahlreichen theologischen Schriften und in seinen Lehrbüchern aus fast allen Gebieten des Wissens erkennt man den lebendigen Wissensdrang und den klaren kräftigen Geist eines in froher Gläubigkeit aufstrebenden Christenvolkes. Daneben ward aber die neue Schreibkunst schon frühzeitig auch auf *Erzeugnisse in der einheimischen Sprache* angewendet: im Allgemeinen diente dazu das lateinische Alphabet, für einige Laute aber behielt man die altherkömmlichen Runenzeichen bei. Zu den frühesten Erzeugnissen, die in ags. Sprache niedergeschrieben wurden, gehörten, soweit unsere Kunde reicht, *die Gesetze des Königs Ädelbyrht von Kent*, jenes ersten christlichen Königs unter den Angelsachsen, der 596 oder 597 von Augustinus getauft wurde. Wir besitzen zwar diese Gesetze nur in einer Handschrift des 12. Jahrhunderts und diese gibt uns dieselben nicht in der ursprünglichen Form, sondern in einer Sprache, die mindestens 100 bis 200 Jahre jünger ist, wiewol sich einige Reste altertümlicher Formen darin nicht verkennen lassen. Dass aber die überlieferte Form dieser Gesetze nicht etwa Üebersetzung einer ursprünglich lateinischen, sondern nur Umschrift einer von Anfang an in der Landessprache abgefassten Aufzeichnung ist, bezeugt uns der kaum 100 Jahre später lebende Beda; dieser sagt nemlich von Ädelbyrht: „genti sua decreta judiciorum cum consilio sapientium constituit, quæ *Anglorum sermone conscripta* hactenus habentur et observantur ab ea." Ihre erste Abfassung fällt nach dem Zeugnis des Beda noch in die Lebzeiten des Augustin, also in die Jahre 597—614. Sie dienten den meisten späteren Gesetzesaufzeichnungen auch anderer ags. Königreiche, die mit dem Ende des 7. Jahrh. beginnen, zum Vorbild und zur Grundlage. Als Sprache der *Urkunden* dagegen herschte das *Lateinische* noch bis in die Mitte des 8. Jahrhunderts: Die *älteste Urkunde in ags. Sprache*, welche keinen Stempel der Unechtheit an sich trägt, fällt erst in die Jahre zwischen 743 und 746. Von da ab mehren sich aber die ags. geschriebenen Urkunden im Verhältnis zu den lateinischen, und auch in sonst noch lateinisch abgefassten Urkunden finden sich wenigstens die Grenzbestimmungen der Güter in ags. Sprache eingeschaltet.

Im 7.—8. Jahrh. entfaltete sich zugleich auch ein reiches *poetisches Schaffen in der Landessprache*, indem teils die schon vom Festland mitgebrachten epischen Stoffe auf Grund alter Lieder, teils aber namentlich auch biblische Stoffe Gegenstand poetischer Darstellung wurden, und manche kostbare Dichtung ist uns aus dieser Zeit erhalten, während vieles Andere dem zerstörenden Einfluss der Zeit unterlegen sein mag. Und vom 9. Jahrh. an beginnt sich dann auch eine selbständige ausgebildete *ags. Prosaliteratur* geschichtlichen, geistlichen, rechtlichen, philosophischen und selbst medicinischen Inhalts zu entwickeln, und zwar in einem Umfang, wie sie sich in keiner der gleichzeitigen übrigen deutschen Sprachen nachweisen lässt, während gleichzeitig die gelehrte Production in *lateinischer Sprache*, ja selbst die Kenntnis dieser Sprache unter den Geistlichen des Landes immer mehr in Verfall geriet, indem selbst im kirchlichen Gebrauch die einheimische Sprache die Oberhand über die lateinische erhielt.

Aber auch der *ags. Sprachschatz* erfuhr begreiflicher Weise eine grosse Bereicherung durch die Einführung des Christentums und der gelehrten Bildung, indem zwar für viele der neu eingeführten Begriffe einheimische Wörter oder aus solchen abgeleitete Neubildungen Verwendung fanden, für viele dagegen auch Fremdwörter aufgenommen wurden, die sich aber dem Geiste der eignen Sprache fügen musten und diesem gemäss umgestaltet wurden. — So viel zunächst über den Einfluss, den die Einführung des Christentums und der gelehrten Bildung auf das Angelsächsische und seine Literatur übte.

Ein anderer ebenfalls nicht unwichtiger Factor sind die wiederholten *Einfälle der Norweger und Dänen* seit 787, ihre Ansiedelung im Norden Englands, ihre fortdauernden Kämpfe mit den Angelsachsen und Nordhumbriern und schliesslich die *Herschaft dänischer Könige* in England (1002—1042). Bei dieser durch $2^1/_2$ Jahrh. sich hinziehenden Berührung mit jenen nordischen Völkern erfuhr nicht bloss der ags. und namentlich der nordhumbrische Sprachschatz manche Bereicherung durch Einführung altnordischer Wörter, sondern auch auf das einheimische Lautsystem übte das Altnordische mehr oder weniger einen entschiedenen Einfluss, besonders in dem jener Berührung am meisten unmittelbar ausgesetzten Norden Englands. Auch könnte man versucht sein, den im Nordhumbrischen herschenden Abfall des auslautenden n namentlich in der Endung des Infinitivs auf Rechnung des Altn. zu setzen; doch scheinen die Nordhumbrier diese Eigentümlichkeit, welche auch das Altfriesische teilt, einst selbst schon aus ihrer alten Heimat mit nach England gebracht zu haben: denn sie findet sich bereits in der nordhumbrischen Inschrift des Steinkreuzes zu Ruthwell, das aus den 80er Jahren des 8. Jahrhunderts, also aus der Zeit vor den Einfällen der Norweger und Dänen stammt; auf diese nordhumbrische Inschrift werden wir später nochmals zurückkommen. Es ist dies mit einer der Gründe, welche dafür sprechen, dass die Nordhumbrier nicht englischen, sondern friesischen Ursprungs waren.

Altangelsächsische und Altnordhumbrische Literatur.

Aus dem 7. Jahrh. besitzen wir mit Sicherheit nur noch ein kleines Gedicht von geringem Umfang, und zwar in nordhumbrischer Sprache. In dem nordhumbrischen Kloster Streaneshalh (dem heutigen Whitby) unter der Äbtissin Hilda, welche 680 starb, lebte nemlich der Dichter *Cädmon*, dessen angebliche wunderbare Berufung zum Dichter uns Beda in seiner Hist. Eccl. Anglorum IV, 24 erzählt, und welcher nach dem Zeugnis Beda's nicht bloss die meisten biblischen Geschichten alten und neuen Testamentes dichterisch bearbeitete, sondern auch Gedichte über die Schrecken des jüngsten Gerichts und die Höllenstrafen wie über die Freuden des Himmelreichs und über noch manche andere geistliche Dinge verfasste. Aber von all diesen Poesien Cädmon's sind uns nur 7 Verse im nordhumbrischen Original erhalten, und zwar am Schluss einer lat. Handschrift von Beda's Kirchengeschichte, die der Schrift nach aus der Mitte des 8. Jahrh. stammt; diese Verse sind unter andern gedruckt in Zupitzas altengl. Lesebuch, und sprachlich sind sie trotz ihres geringen Umfangs von hoher Wichtigkeit. König Älfred hat sie in seiner Uebersetzung von Beda's Kirchengeschichte gleichfalls mitgeteilt, aber nicht im Original, sondern ins Ags. seiner Zeit übertragen.

Die epische Behandlung der *Genesis*, der *Exodus* und des *Daniel* in ags. Sprache aus dem Anfang des 8. Jahrh., welche seit dem 17. Jahrh. allgemein dem *Cädmon* zugeschrieben werden, sind Übersetzungen oder Umdichtungen der nordhumbrischen Originale ins Angelsächsische, wenn sie überhaupt mit Cädmon zusammenhängen: für die Genesis ist dies wenigstens durchaus nicht unwahrscheinlich, da deren erste einleitende Verse mit jenen 7 nordhumbrischen Versen Cädmons dem Inhalte nach übereinstimmen. Weniger wahrscheinlich dagegen ist es, dass auch das ags. Gedicht *Crist und Satan*, welches den Fall Lucifers und auf Grund des apocryphen Evangeliums Nicodemi die Höllenfahrt Christi behandelt, auf einem Cädmonschen Original beruht.

Daran reiht sich noch ein anderes alttestamentliches Epos von grosser poetischer Schönheit, das die Geschichte der *Judith* und des *Holofernes* behandelt, von dem aber leider die erste Hälfte verloren ist.

Von dem westsächsischen Bischof *Aldhelm* († 709) besitzen wir zwar mit Sicherheit nur noch lateinische Schriften; es wird aber von ihm berichtet, dass er auch in seiner Muttersprache gedichtet habe: ihm ist wahrscheinlich die ags. *metrische Psalmenparaphrase* zuzuschreiben, deren Sprache altertümlicher erscheint als die der vorher genannten ags. Dichtungen; erhalten sind uns davon nur Ps. 51—150 in einem Pariser Codex.

Gleichfalls dem **Anfang des 8. Jahrh.** dürfte ein ags. poetischer Dialog zwischen *Salomo und Saturn* angehören, der aber lückenhaft auf uns gekommen ist; zuerst belehrt Salomo den Saturn hauptsächlich über die mystischen Eigenschaften des Paternoster, und dann tauschen beide gegenseitig Sprichwörter und andere weise Sprüche ohne inneren Zusammenhang aus.

Ausser diesen geistlichen Dichtungen besitzen wir aber auch mehrere, wenn gleich zum Teil nur in Bruchstücken auf uns gekommene *epische Dichtungen* in ags. Sprache, welche Stoffe aus der *Volkssage* behandeln. Vollständig besitzen wir nur den *Beovulf*, und zwar in einer nicht sehr sorgfältig geschriebenen Handschrift des 10. Jahrhunderts: seiner Abfassung nach aber gehört er dem Anfang des 8., wenn nicht dem Ende des 7. Jahrhunderts an. Sein Hauptinhalt stammt freilich weder aus der gemeinsamen deutschen Heldensage noch auch aus der speciellen Localsage der Angelsachsen oder ihrer Väter auf dem Festland, sondern aus der nordischen, der dänisch-schwedischen Localsage. Dass aber die Angelsachsen auch ihren reichen Anteil an der allen deutschen Stämmen gemeinsamen Heldensage bewahrten und mit in ihre neue englische Heimat brachten, zeigen nicht bloss verschiedene in den Beovulf eingestreute Episoden, sondern noch klarer tritt dies hervor in dem sog. *Vidsidliede* (d. h. dem Lied des Vielgereisten), das man gleichsam einen versificierten Catalog der deutschen Heldensage nennen könnte. Auch haben sich zwei kleine Fragmente eines Epos erhalten, welches die Sage von *Walther und Hildegunde* behandelte: dieselben wurden erst im Jahr 1860 auf 2 Pergamentblättern in kl. 8° in einem Bündel ungeordneter Blätter der Königl. Bibliothek zu Kopenhagen aufgefunden und alsbald von dem Engländer *George Stephens* herausgegeben.

Ausserdem besitzen wir noch ein kleines ags. episches Fragment aus der Nordfriesischen Localsage, den *Überfall in Finnsburg*, das seinem Inhalte nach mit einer Episode im Beovulf in engem Zusammenhange steht und ohne Zweifel als der Rest eines selbständigen

Epos zu betrachten ist: es handelt von dem verräterischen Überfall dänischer Gäste in Nordfriesland durch die Mannen des Burgherrn Finn. Andere kleinere ags. Gedichte weltlichen Inhalts streifen mehr in das Gebiet der *Lyrik*, wiewol es bei mehreren derselben nicht unwahrscheinlich ist, dass sie ursprünglich grösseren Epen angehörten. Es sind folgende:

1) Klage des Sängers *Deór*, der vom Hofe des Königs der Heodeninge durch den Sänger *Heorrenda* verdrängt ist und sich über sein Misgeschick tröstet an dem Beispiel verschiedener Personen der Heldensage. Der Name *Heorrenda* erinnert an den Sänger *Horant* in unsrer Gudrun.

2) Die hochpoetische Klage über eine *Burgruine* und deren gefallene Bewohner; leider ist freilich das Gedicht selbst nur als Ruine auf uns gekommen, da ihm nicht bloss der Schluss fehlt, sondern da es auch im Innern selbst verstümmelt ist.

3) Klage des *Wanderers:* ein Mann, der seit dem Tode seines Herrn keine bleibende Stätte mehr hat, klagt über die Mühseligkeiten, die auf Erden des Menschen warten.

4) Klage des *Seefahrers:* ein Seefahrer zählt alle die Beschwerlichkeiten auf, die sein Stand mit sich bringt; und doch zieht es ihn mit Gewalt hinaus auf die Fluten des Meers, sobald der Kuckuk den Sommer verkündet: sei doch auch auf dem festen Lande nichts beständig, sondern alles werde von Jahr zu Jahr schlechter.

5) *Botschaft eines Verbannten an seine Frau*, welche ein Bote überbringt und wodurch er die Frau auffordert, ihm in die Verbannung zu folgen.

6) *Klage einer Frau:* sie sei erst ihrem abwesenden Gemal in die Fremde gefolgt; in Folge der Verläumdungen Seitens der Verwandten aber sei sie von ihm verstossen und wohne einsam in der Felshöle des Waldes. Dies Lied, das in seiner 2. Hälfte auffallend an die Schicksale der Genofeva erinnert, scheint mit dem vorhergehenden zusammen einem grösseren Ganzen angehört zu haben. Diese Gedichte gehören dem 8. Jahrhundert an.

Von ags. *Lehrgedichten weltlichen Inhalts* von unbekannten Verfassern besitzen wir:

1) Das *Runenlied*, welches ein Runenalphabet gleichsam als Commentar begleitet, indem es von dem Namen eines jeden Runenzeichens eine poetische Umschreibung gibt.

2) Vier *gnomische Gedichte* d. h. Zusammenstellungen volkstümlicher Sprüche und Sprichwörter.

3) *Lehren eines Vaters an seinen Sohn* (Fäder lârcvidas). Auch diese Lehrgedichte gehören dem 8. Jahrhundert, das Runenlied vielleicht schon dem 7. Jahrhundert an.

In der 2. Hälfte des 8. Jahrhunderts tritt wieder in *Nordhumbrien* ein namhafter geistlicher Dichter auf, der sich durch hohe dichterische Begabung und reiches poetisches Schaffen auszeichnet, der Dichter *Cynevulf*. Von ihm sind uns in zwei einander ergänzenden Handschriften eine ganze Reihe grösserer und kleinerer Dichtungen erhalten, wenn auch zunächst nur in einer dem Ende des 8. Jahrhunderts angehörigen Übersetzung ins Angelsächsische. Die eine der beiden Handschriften, das sogenannte *Exeter book* oder der *Codex Exoniensis*, wird in der Kathedrale zu Exeter in England, die andre dagegen in dem oberitalischen Kloster zu *Vercelli* aufbewahrt. Bei diesem Dichter müssen wir etwas länger verweilen, da wir grade bei seinen Werken in der Lage sind, die Thatsache der Übersetzung oder Umdichtung nordhumbrischer Dichtungen ins Angelsächsische ausser Zweifel zu setzen.

Zunächst besitzen wir von ihm eine Sammlung von nicht weniger als 89 *Rätseln* von hoher poetischer Schönheit und zugleich von grösster Bedeutung für die Kenntnis des alten Lebens: ihre fast vollständige Lösung verdanken wir Prof. *Dietrich* (H. Z. XI, 448 ff. XII, 232 ff.). Bei aller Volksmässigkeit der Anschauungen beschränken sich diese Rätsel doch fast nie auf die blosse Darlegung von auffallend verbundenen Eigenschaften, sondern sie führen die als persönlich gedachten Gegenstände und deren Handlungen vor und geben diese oft in so epischer Umständlichkeit und Ausführlichkeit, dass man sieht, man hat eine Kunstdichtung vor sich, die weit über das Bedürfnis des Ratens hinausgeht und in welcher die dichterische Belebung der Natur für sich Zweck und Ziel des Dichters wird.

Die übrigen uns erhaltenen Dichtungen Cynevulfs sind durchweg *geistlichen* Inhalts und bald epischer, bald mehr lyrischer oder didactischer Art. Eins seiner Hauptwerke in dieser Beziehung ist sein *Crist*, ein umfangreiches lyrisch-didaktisches Epos von der dreifachen Ankunft Christi, von seinem Kommen in die Niedrigkeit auf Erden, von seinem Einzug in die Herlichkeit beim Vater und von seiner Wiederkunft zum Gericht. Der Anfang fehlt leider, da die 7 ersten Blätter der Handschrift abgerissen sind.

Daran reiht sich noch in einem besonderen freilich nur unvollständig überlieferten Lied von der *Höllenfart Christi* die im Crist nur vorübergehend angedeutete Ankunft des Himmelskönigs in der Unterwelt am Auferstehungsmorgen. Vielleicht bildete dies Lied ursprünglich einen integrierenden Teil des Crist (vor v. 558).

Weiterhin hat Cynevulf auf Grund nachweisbarer lateinischer, zum Teil aus dem Griechischen stammender Quellen *4 grössere Legenden* episch behandelt, nemlich die Schicksale und Wundertaten des Apostels *Andreas* bei den äthiopischen Mirmedonen, die sieggekrönten Leiden der christlichen Heldin und Märtyrerin *Juliana* zur Zeit des Kaisers Maximianus und ihren Kampf mit dem Höllenfürsten, ferner das an Wundertaten und an Kämpfen mit den bösen Geistern der Wildnis reiche Einsiedlerleben des ags. Heiligen *Gûdlâc von Croyland*, und endlich die Auffindung des h. Kreuzes durch *Elene*, die Mutter Constantins des Grossen, und die Bekehrung des letzteren zum Christentum.

An diese Legenden reiht sich ferner die liebliche und zumal an köstlichen Naturschilderungen reiche Bearbeitung der Sage von dem sich selbst verbrennenden und aus der Asche wieder verjüngt erstehenden Vogel *Phönix*, in der zweiten Hälfte des Gedichts allegorisch gedeutet auf die Auferstehung Christi.

In einem Liede auf das *h. Kreuz* erzält Cynevulf, wie ihm einst im Traume ein goldnes Kreuz in den Lüften schwebend erschien und ihm in langer Rede eröffnete, wie an ihm einst der Herr der Schöpfung für die Sünden der Menschen den Tod erduldet und wie es dann von den Feinden in die Erde vergraben, später aber wieder aufgefunden und mit Gold und Silber geschmückt worden sei, und wie es nun von den Menschen betend verehrt werde.

Im *Reimlied* endlich, so benannt, weil in ihm die beiden Hälften jeder Langzeile neben der Alliteration auch noch durch den Endreim gebunden sind, bricht Cynevulf nach einer lebendigen Schilderung seiner an Freuden und an Freunden reichen Jugendzeit in herbe Klagen aus, wie das alles nun ganz anders geworden, wie nun Mühsal und vereinsamtes Alter ihn drücken und er sich herzlich sehnt nach dem nahen erlösenden Tode, ganz in ähnlicher Weise wie er auch im Epilog zur Elene (nur kürzer) das Sonst und Jetzt seines Lebens einander gegenüberstellt: beide Gedichte, das Reimlied wie die Elene, hat er erst in seinem hohen Alter gedichtet, [ja das Reimlied scheint sein eigentlicher Schwanengesang zu sein].

Einige kleinere Gedichte, welche gleichfalls Cynevulf zuzuschreiben sind, finden sich in Bd. I der Bibliothek der Ags. Poesie p. 191 — 214. In dreien seiner Gedichte, im *Crist*, in der *Elene* und in der *Juliane* hat unser Dichter durch in den Text eingefügte *Runenzeichen*, welche zusammen gestellt jedesmal den Namen Cynevulf ergeben, uns selbst seinen Namen überliefert, und in dem *ersten seiner Rätsel* gibt er denselben in Form einer Charade zu raten auf. Wer war nun dieser reich begabte Dichter? Keine der Chroniken und Geschichten des alten England weiss etwas von einem Dichter Cynevulf, und wir sind daher zunächst lediglich auf seine eignen Werke und auf die Andeutungen, die er darin über sich selbst gibt, hingewiesen. Jene Chroniken berichten zwar von einem Cynevulf, der im Jahr 737 oder 740 zum Bischof auf der nordhumbrischen Insel Lindisfarena è (dem heutigen Holy Island) geweiht wurde, nach einem langen mühevollen Leben als hochbetagter Greis im Jahr 780 die Bischofswürde niederlegte, um sich in stiller Zurückgezogenheit der Ruhe und dem Gebete zu widmen und 783 oder 784 starb; aber sie wissen nichts von seiner reichentfalteten dichterischen Tätigkeit zu melden, und doch muss grade *dieser Bischof Cynevulf unser Dichter gewesen sein*, da seine eigenen Andeutungen über sein Leben und seine Person mit jenen äusserlichen Daten der Chronisten vollkommen im Einklang stehen. Auch kann der Gûdlâc nur in der zweiten Hälfte des 8. Jahrhunderts und jedenfalls nicht nach 780 gedichtet sein; denn einerseits sagt der Dichter, es lebten noch Leute, die Zeitgenossen des Heiligen gewesen seien, und dieser starb im Jahr 714, während andererseits die dem Gedicht zu Grunde liegende lateinische Quelle, die *Vita Sancti Guthlaci* des Felix von Croyland erst gegen die Mitte des 8. Jahrhunderts geschrieben ist. Wäre die mit 731 abschliessende Kirchengeschichte des Beda, welcher dem Dichter Cädmon ein so schönes Denkmal setzte, in gleichem Sinne fortgesetzt und wären nicht gleich nach dem Tode Cynevulfs jene verwüstenden Stürme durch die Einfälle der Dänen über Nordhumbrien hereingebrochen, wir würden sicherlich nicht ohne Nachricht über eine so bedeutende geistige Erscheinung geblieben sein.

Aus *des Dichters eignen Werken* in Verbindung mit jener Nachricht über den Bischof Cynevulf ergeben sich nun folgende Züge seines langen vielbewegten Lebens.

Aus einem vornehmen und reichbegüterten Geschlecht zu Anfang des 8. Jahrhunderts geboren, scheint er als Knabe der Sitte seiner Zeit gemäss, ohne für den geistlichen Stand bestimmt zu sein, eine der äusseren weltlichen Klosterschulen besucht zu haben. Die fröhliche Zeit seiner reiferen Jugend und seines ersten Mannesalters schildert er selbst in dem ersten Teil seines Reimlieds, und in diese Zeit der fröhlichen Lust fällt ohne Zweifel die Entstehung seiner Rätsel. Doch die Tage der Freude und der Glanz der Jugend vergiengen. Cynevulf trat in den geistlichen Stand (aus welchem Anlass, wissen wir nicht), und wandte sich demgemäss auch fortan der geistlichen Dichtung zu. Nachdem er aber um das Jahr 740 Bischof geworden, scheint ihm dies hohe Amt nichts als Mühe und Sorge gebracht zu haben in der vielbewegten fehlereichen Zeit (wurde er doch sogar nach dem Zeugnis der Chronisten eine Zeit lang von dem nordhumbrischen König, dessen Zorn er unverdienter Weise auf sich geladen, in Gefangenschaft gehalten), und wol mag ihm in dieser Zeit der Mühe und Sorgen sein dichterisches Schaffen eine reiche Quelle des Trostes und der Erholung gewesen sein, bis er vom Alter gebeugt und des mühevollen Lebens müde im Jahr 780 resignierte und sich in die Einsamkeit zurückzog, wo er nach 3 — 4 Jahren starb.

Es könnte allerdings gegen die angenommene Identität des Dichters mit dem nordhumbrischen Bischof der Einwurf erhoben werden, dass er als Nordhumbrier auch in *nordhumbrischer Sprache* gedichtet haben müsse, während uns doch seine Werke in *angelsächsischer Sprache* überliefert sind. Aber es steht glücklicher Weise ausser Zweifel, dass dies Übersetzungen aus dem Nordhumbrischen sein müssen. Denn in einem Leydener Codex hat sich *eins der Cynevulfschen Rätsel* wirklich in nordhumbrischer Sprache erhalten, und die Runeninschrift des schon erwähnten *grossen Steinkreuzes zu Ruthwell* am Solway Firth an der Südküste des heutigen Schottland, das früher zu Nordhumbrien gehörte, enthält eine Reihe von Versen aus *Cynevulfs Traumgesicht vom h. Kreuz* gleichfalls in *nordhumbrischer Sprache:* beide nordhumbrische Stücke erweisen sich aber gegenüber den entsprechenden ags. Texten aus inneren Gründen als ursprünglicher und somit als das Original. Dass übrigens jenes Traumgesicht wirklich Cynevulf angehört, ergibt sich daraus, dass er selbst im Epilog zur Elene darauf anspielt. Nehmen wir nun noch dazu, dass die Blütezeit der Poesie unsres Dichters jedenfalls nach 731 fällt, wo Beda seine Kirchengeschichte abschloss, und dass insbesondere der Gûðlâc nach dem vorher Gesagten jedenfalls zwischen 750 und 780 gedichtet sein muss, während die Anfertigung jenes Steinkreuzes mit seinen kunstvollen Sculpturen kaum nach dem Jahr 794 fallen kann, wo die namentlich für Nordhumbrien so verheerenden Einfälle der Norweger und Dänen häufiger wurden, so ergibt sich mit fast völliger Sicherheit, dass unser Dichter kein Anderer gewesen sein kann, als eben jener Bischof auf Holy Island.

Aber noch ein weiterer Schluss lässt sich aus jenem Steinkreuz für unseren Dichter ziehen: wie sein Vorgänger auf dem Bischofsstuhl sich selbst bei Lebzeiten ein Steinkreuz mit Sculpturen und mit seinem Namen errichten liess, so dünkt es nicht unwahrscheinlich, dass Cynevulf aus einem zu Ruthwell ansässigen edlen Geschlechte stammend sich nach seiner Resignation eben dorthin zurückzog und nun daselbst an der zu seinem Grabe erschenen Stätte jenes Kreuz mit Versen aus einem seiner Gedichte für sich errichten liess, zumal da er im Reimlied sagt, das Schicksal habe es gefügt, dass er selbst sein Grab grübe. Dürfen wir aber auch noch das im Exeter book mitten unter Cynevulfschen Gedichten stehende Fragment von der *Burgruine*, von dem bereits die Rede war, unsrem Dichter vindicieren, so könnte dadurch zugleich einiges Licht auf die Verhältnisse fallen, die ihn in den geistlichen Stand trieben: nach der Sachsenchronik wurde Nordhumbrien im Jahr 737, also kurz vor der Zeit, wo Cynevulf Bischof wurde, durch Äđelbald verheert, und bei dieser Gelegenheit dürfte auch die väterliche Burg Cynevulfs zu Ruthwell zerstört worden sein, sodass er aus Schmerz darüber wie über den Fall seines Geschlechts in den geistlichen Stand trat, und als nun der greise Dichter seine letzten Ruhejahre in der Nähe der Ruine verlebte, besang er sie und den Hinfall seines eignen Geschlechtes in jenem Gedicht. — Soviel über den Dichter Cynevulf. --

Im 9. Jahrhundert beginnt die Poesie in der ags. Literatur auffallend zurückzutreten: wenigstens sind uns ausser allenfalls dem sog. *Menologium*, einem aus 95 Versen bestehenden poetischen Calendarium, keine Gedichte aus der Zeit vor der Regierung des Königs Älfred erhalten, die mit Sicherheit dem 9. Jahrhundert zuzuschreiben wären. Aus dem Ende dieses Jahrhunderts aber besitzen wir mehrere Gedichte, die sich in einzelnen Werken des *Königs Älfred* finden, nemlich *2 kleinere* zu Anfang und Ende seiner Uebersetzung der *Cura pastoralis* Gregors des Grossen und dann namentlich die metrische Bearbeitung der lat. *Metra* in der Consolatio philosophiæ des Boethius in ags. Sprache: die Autorschaft des Königs in Bezug auf diese Metra hat man zwar vielfach angefochten, aber ohne triftige Gründe.

Ausserdem besitzen wir nur noch einige *spätere ags. Gedichte* aus *dem 10. — 11. Jahrhundert*, welche *Ereignisse aus der Zeitgeschichte* besingen und ohne Zweifel bald nach den betreffenden Ereignissen entstanden. Das umfangreichste derselben ist das Gedicht auf den Tod des Aldermanns oder Herzogs *Byrhtnôd*, der 991 im Kampfe gegen die Dänen fiel; das 325 Verse umfassende Bruchstück dieses Gedichts, welchem der Anfang und das Ende fehlen, gibt eine sehr lebendige Schilderung des Kampfes und reiht sich den vorher genannten epischen Dichtungen würdig zur Seite. Mehrere kleinere Zeitgedichte dieser Art enthält auch die *Sachsenchronik* unter den Jahren 938, 942, 973, 975 und 1036; unter ihnen ist das bedeutendste das auf den Sieg des Königs *Ädelstan* über die Schotten im Jahr 938. —

Was nun *die altangelsächsische Prosa* betrifft, so scheint sich dieselbe bis ins 9. Jahrhundert, so lange das Lateinische bei den Geistlichen als den Trägern der gelehrten Bildung noch fleissig geübt wurde, hauptsächlich auf die *Urkunden* und *Gesetze* beschränkt zu haben. Im Laufe des 9. Jahrhunderts aber nahm die Pflege und selbst die Kenntnis des Lateinischen bald in solchem Grade ab, dass *König Älfred* (871—901) in der Vorrede zu seiner Übersetzung der Cura pastoralis sich zu der schweren Anklage genötigt sah, dass zu Anfang seiner Regierung wenigstens im südlichen England kaum ein Geistlicher bekannt gewesen sei, der auch nur im Stande gewesen wäre, einen lateinischen Brief ins Ags. zu übersetzen. Deshalb liess er es auch nicht bloss seine angelegentlichste Sorge sein, dass die lateinischen Studien bei den Geistlichen wieder in Aufnahme kamen, sondern er selbst betrieb auch fleissig diese Studien und übersetzte theils selbst lateinische Schriften vollständig oder im Auszug ins Angelsächsische oder reproducierte sie in freier ags. Bearbeitung, teils veranlasste er seine geistlichen Ratgeber dazu, die er zum Teil aus dem Ausland berufen hatte, um jene Schriften den Geistlichen wie dem Volke leichter zugänglich zu machen, wie er überhaupt nützliche Kenntnisse aller Art unter dem Volke zu verbreiten strebte. Durch seine ags. Schriften nimmt Älfred eine sehr bedeutende Stelle in der Literatur ein, da er durch dieselben wesentlich zur Ausbildung einer selbständigen ags. Prosa beigetragen hat. Wenn diese Schriften auch zunächst im Allgemeinen Übersetzungen sind, so binden sie sich doch keineswegs sclavisch an das Original; vielmehr tritt uns überall ein hoher Grad von Selbständigkeit entgegen: was dem Übersetzer für seine Zwecke unwesentlich erschien, schied er aus, und andrerseits fügte er eigene bald kleinere bald grössere Zusätze ein, ja nicht selten ist seine Übersetzung im Vergleich zum Original mehr eine freie Reproduction desselben. Seine Schriften sind folgende:

1) Übersetzung oder vielmehr Bearbeitung der Schrift des *Boetius* de consolatione philosophiæ.
2) Übersetzung der Weltgeschichte des *Orosius;* die wichtigste Zutat in dieser Schrift Älfreds ist die Erweiterung der geographischen Einleitung durch eine geographische Übersicht über das gesamte germanische Gebiet sowie durch zwei dem König von zwei nordischen Seefahrern Ôhtere und Wulfstân mitgeteilte Reiseberichte: diese Zutaten Älfreds sind für die Kenntnis der damaligen geographischen Verhältnisse Europas von der höchsten Wichtigkeit.
3) Übersetzung von *Bedas* historia ecclesiastica Anglorum oder vielmehr eines Auszugs aus derselben, indem vorzugsweise diejenigen Partien Berücksichtigung fanden, die sich auf die Kirchengeschichte von Wessex beziehen: der ausführliche Bericht Bedas über den nordhumbrischen Dichter Cädmon ist jedoch vollständig übersetzt, und statt der von Beda nur in lat. Prosaübersetzung mitgeteilten Probe Cädmonscher Poesie hat Älfred eine metrische ags. Übersetzung des nordhumbrischen Originals eingeschaltet.
4) Übersetzung der *Cura pastoralis Gregors des Grossen* mit der bereits erwähnten Vorrede.
5) *Älfreds Vorrede* zu der auf seine Veranlassung durch den Bischof *Werefrid* gemachten Übersetzung der *Dialoge Gregors des Grossen.*
6) Ein Auszug aus den *Soliloquien des Augustinus* in ags. Übersetzung.

Ausser verschiedenen Übersetzungen, welche Älfred durch seine geistlichen Freunde anfertigen liess (wie z. B. die eben erwähnte *Übersetzung der Dialoge Gregors*) verdanken wir seiner Anregung höchst wahrscheinlich auch die erste Anlage der ags. geschriebenen *Sachsenchronik,* wenn er auch nicht selbst daran mitarbeitete. Diese Chronik verzeichnet in kurzem Chronikenstil die Hauptdaten der Geschichte Englands in chronologischer Folge von der Invasion Julius Cäsars an bis zum Jahr 1154. Diese Aufzeichnungen gehören jedoch weder einem und demselben Verfasser noch auch einer und derselben Zeit an. Die erste Abfassung fällt vielmehr, wie es scheint, ins Ende des 9. Jahrhunderts unter König Älfred. Das ursprüngliche Original oder wenigstens eine gleichzeitige Abschrift desselben scheint in der jetzt zu Cambridge befindlichen Handschrift vorzuliegen; denn der erste Teil derselben bis zum Jahr 891 ist von *einer* Hand geschrieben, die den Schriftzügen nach dem 9. Jahrhundert angehört, und zugleich enthält sie als Einleitung von derselben Hand geschrieben eine in den späteren Handschriften fehlende Genealogie der westsächsischen Könige von 491 bis auf Älfred; den zweiten Teil dieser Handschrift dagegen bilden Fortsetzungen, die von verschiedenen Händen geschrieben bis zum Jahr 1070 reichen; ausführlicher aber sind darin nur die Einträge bis zum Jahr 925, während sich von da an nur noch unter einzelnen Jahren einige wenige kurze Einträge finden. Ausserdem existieren noch 6 jüngere Handschriften, eine zu Oxford und 5 in der Cottonschen Bibliothek zu London. Am umfangreichsten ist die zu Oxford: bis zum Jahr 1122 ist sie von *einer* Hand geschrieben, während die von verschiedenen Händen geschriebenen und ziemlich ausführlichen Fortsetzungen bis 1154 reichen. Von den 5 Cottonschen Handschriften ist die eine zu Ende des 10. Jahrh. durchweg von *einer* Hand geschrieben und reicht bis 977; eine zweite ist bis 1016 von *einer* Hand geschrieben und ihre Fortsetzungen von verschiedenen Händen reichen bis 1079; eine dritte ist bis 1046 von *einer* Hand geschrieben, während die Fortsetzungen bis 1066 reichen; eine vierte reicht bis 1058, und eine fünfte, die bei dem grossen Brande im vorigen Jahrh. (1731) bis auf wenige Blätter zerstört ist, aber vorher schon von Wheloc vollständig abgedruckt war, reichte bis 1001. Die Texte dieser sämtlichen Handschriften, soweit sie jetzt noch existieren, sind in der Ausgabe von Thorpe 1857 vollständig neben einander abgedruckt.

Aufzeichnungen von *Gesetzen* in ags. Sprache besitzen wir aus früherer Zeit von 4 kentischen Königen, nemlich von Ädelbyrht (560 — 616), *Hlôdere* (673), *Eádric* (673 — 675) und *Wihtred* (um 700), aber nicht mehr im Original, sondern in einer jüngeren Recension, ferner besitzen wir eine solche von dem westsächsischen König *Ine* (688—726), aber erst in einer Recension aus der Zeit König *Älfreds*, mit dessen Gesetzen die des Königs *Ine* als Anhang verbunden in den Handschriften stehen. Vom Ende des 9. bis zum Ende des 10. Jahrh. aber besitzen wir in ags. Sprache Gesetze von König *Älfred* und seinen Nachfolgern *Eádveard* (901 — 924), *Ädelstân* (924 — 940), *Eádmund* (940 — 946) und *Ädelrêd* (978 — 1016), denen sich dann noch aus dem 11. Jahrh. die gleichfalls in ags. Sprache publicierten Gesetze des Königs *Cnut* (1016 — 1034) anschliessen.

Am Ende des 10. und zu Anfang des 11. Jahrh. tritt uns wieder ein namhafter ags. Prosaschriftsteller entgegen, der sich zugleich vorzugsweise durch eine grosse Productivität auszeichnete, der Benedictiner *Älfric*, der 990—998 als Mönch und Priester in Wessex lebte, später aber als Abt ins Kloster *Egnesham* (jetzt Ensham) in Mercien berufen wurde, wo er wenigstens seit 1004 als solcher erscheint und um 1024 starb. (Man vergleiche über *Älfrics* Leben Prof. Dietrichs gründliche und umfassende Untersuchung über diesen Abt *Älfric* in der Zeitschrift für historische Theologie Jahrg. 1855 Heft IV und 1856 Heft II.) Dieselben sind folgende:

1) eine *lateinische Grammatik* in ags. Sprache, hauptsächlich ein Auszug aus Priscian; sie ist bes. auch dadurch für die ags. Lexicographie wichtig, dass sie die lat. Beispiele ags. glossiert. Gedruckt als Anhang zu Somners ags. Lexicon 1659.

2) Ein sachlich geordnetes *Glossar*, welches die Bezeichnungen der wichtigsten Begriffe und Naturdinge lat. und ags. enthält; das echte Älfricsche Glossar ist gedruckt in Th. Wright: a Volume of Vocabularies 1857 p. 70 ff., während der von Somner mitgeteilte Text eine jüngere sehr erweiterte Recension bietet.

3) Das *Colloquium monasticum* d. h. ein lat. Gespräch zwischen Lehrer und Schüler über die Beschäftigungen der Mönche und anderer Stände mit ags. Interlinearversion.

4) Eine ags. Bearbeitung der lat. Schrift Bedas *de temporibus* eine kurze astronomische Anweisung über die Einteilung des Jahres und über die Sterne sowie einiges aus der Naturlehre über die vornehmsten Lufterscheinungen enthaltend.

5) Eine Übersetzung des *Pentateuch* und des *Buchs Josua*; es ist dies aber nicht eine vollständige Übersetzung der genannten Bücher, sondern nur eine Übersetzung des Wichtigsten für Laien; am vollständigsten ist noch die Genesis übersetzt, obgleich sich auch hier bedeutende Auslassungen finden. Gedruckt sind diese Stücke in Grein's Bibl. der ags. Prosa. Bd. I.

6) Eine Homilie über das *Buch der Richter* (ebendaselbst gedruckt); sie enthält aber nur die biblische Geschichte der Richter bis auf Simson und stellt dann am Schluss noch eine Reihe tapferer durch Gottes Hülfe siegreicher Heerführer aus der römischen, byzantinischen und ags. Geschichte zusammen.

7) Eine Homilie über das *Buch Hiob*, ebendaselbst gedruckt.

8) Eine Homilie über das *Buch Esther*, ungedruckt.

9) Eine ags. Schrift *über das alte und neue Testament*, gedruckt in Greins Bibl. der ags. Prosa. Bd. I.
10) Ein *Sendschreiben an Wulfget* über die Trinität und die Schöpfung sowie über die Pflicht der Versöhnlichkeit; ungedruckt.
11) Übersetzung der lat. Schrift *Alcuins Interrogationes Sigulfi* über die Genesis; ungedruckt.
12) Die sog. *Homiliæ catholicæ*, eine grosse Sammlung ags. Homilien für die Sonntage und die allgemeinen Feste des Kirchenjahrs, mit Einschluss derjenigen Heiligentage, die nicht bloss in den Klöstern, sondern vom ganzen Volke gefeiert wurden. Nach einer der vielen Handschriften herausgegeben von Thorpe 1844—46 (2 vols.): „The homilies of the Ags. Church."
13) Eine *Homilie auf die Schöpfung*, hauptsächlich auf Grund des Hexaëmeron des h. Basilius, von *Norman* 1849 herausgegeben (the Ags. version of the Hexameron of St. Basil); und ausserdem noch einige einzelne Homilien.
14) Eine *Sammlung von Heiligenleben*, von Älfric selbst *Passiones sanctorum*, jetzt aber gewöhnlich *Homiliæ de sanctis* genannt, auf Grund der Vitæ Patrum. Es sind meist historische Homilien auf diejenigen Heiligen, welche nicht das ganze Volk, sondern nur einzelne Klöster feierten. Ungedruckt.
15) Das *Leben des h. Ädelwold*, Bischofs von Winton, der Älfrics Lehrer war.
16) Die *ags. Canones*, ein Hirtenbrief über die Pflichten der Priester, von Älfric im Auftrag des Bischofs *Wulfsin* geschrieben; gedruckt in Thorpes Ancient laws and institutes of England p. 441 ff.
17) Zwei *Hirtenbriefe*, im Auftrag des Bischofs *Wulfstân* von Älfric zuerst lat. geschrieben und dann von ihm selbst ins Ags. übersetzt; sie handeln gleichfalls von den Pflichten der Priester und werden zusammen auch *Sermo ad sacerdotes* genannt; gedruckt bei Thorpe l. c. p. 452—465.
18) Ein ags. Auszug aus *Ädelwolds* Werk *de consuetudine monachorum*, herausg. von Buckley in Oxford.
19) Ags. *Gebetsformeln und Glaubensbekenntnisse*, gedruckt in Thorpes Homilien II. p. 596—600.
20) Eine ags. Homilie *de poenitentia*, gedruckt ibid. II. p. 602—608.

21) Übersetzung der *Admonitio St. Basilii ad filium spiritualem*, von Norman mit dem Hexameron zusammen herausgegeben.

Soviel über den Abt Älfric. — Ein Zeitgenosse desselben war *Wulfstân* oder latinisiert *Lupus*, Erzbischof von York 1002—1023 und bis 1016 zugleich Bischof zu Wigorn in Mercia, derselbe, in dessen Auftrag Älfric den vorher erwähnten Sermo ad sacerdotes schrieb. Von diesem *Wulfstân* besitzen wir gleichfalls eine Reihe *angelsächsischer Homilien*, die aber noch nicht herausgegeben sind.

An die bisher genannten ags. Prosadenkmäler reihen sich noch manche andere von grösserem oder geringerem Umfang, deren Verfasser wir nicht kennen. Genannt seien nur noch einige, die durch den Druck zugänglich gemacht sind, nemlich eine dem 9.—10. Jahrh. angehörige *Übersetzung der Evangelien* und verschiedene zum Teil interlineare *Psalmenübersetzungen*, die Übersetzung der Geschichte des *Apollonius von Tyrus* (eines griechischen Romans), die *Lebensbeschreibung des h. Gudlâc* u. s. w. Viele handschriftliche Schätze lagern noch ungehoben in den englischen Bibliotheken und auch bei den bereits gedruckten haben mit wenigen Ausnahmen noch keineswegs alle vorhandenen Manuscripte derselben Berücksichtigung gefunden: es ist hier noch ein reiches Feld zu bebauen, bis wir im Besitz kritischer Ausgaben aller erhaltenen Denkmäler sein werden. —

Alle bisher genannten Prosaschriften gehören dem Angelsächsischen an. In *nordhumbrischer Sprache* besitzen wir ausser den bei Cädmon und Cynevulf erwähnten kleinen Dichtungsresten des 7.—8. Jahrhunderts nur noch *2 lateinische Evangeliencodices mit nordhumbrischer Interlinearversion*, nemlich den sog. *Codex Rushworthianus* zu Oxford und den *Codex Lindisfarnensis* oder das *Durham book* in der Cottonschen Handschriftensammlung zu London, beide für uns von hohem sprachlichen Interesse, namentlich aber der letztere, und ausserdem noch ein *Rituale*, das von derselben Hand nordhumbrisch glossiert ist wie der Codex Lindisfarnensis der Evangelien. In diesem letzteren Evangeliencodex ist der lat. Text ums Jahr 700 geschrieben, die nordhumbrische Interlinearversion aber stammt erst aus der 2. Hälfte des 10. Jahrhunderts: sie ist besonders dadurch merkwürdig, dass in ihr Verbalformen neben einander vorkommen, die unmöglich zu gleicher Zeit in der Sprache lebendig gewesen sein können: neben den altertümlichsten Formen mit vollen Endungen, wie sie sich selbst in den ältesten ags. Denkmälern nicht mehr finden, stehen andere mit Endungen, deren Grad der Abschwächung schon weit über den in den gleichzeitigen ags. Denkmälern hinausgeht, und zwischen diesen Extremen finden wir zugleich die successiven Übergangsformen, sodass wir hier in einem und demselben Denkmal die allmäliche Entwickelung dieser Verbalendungen von dem Zustand der grössten Fülle bis zur äussersten Abschwächung verfolgen können. Diese höchst auffallende Erscheinung lässt sich nur erklären, wenn wir annehmen, dass der Glossator bei seiner Arbeit Glossen oder Übersetzungen der Evangelien aus älterer Zeit benutzt hat. Herausgegeben wurde diese merkwürdige Evangelienglosse des Codex Lindisfarnensis zuerst von Bouterweck, aber wunderlicher Weise mit Änderung der handschriftlichen Wortfolge, die sich natürlich Wort für Wort dem lateinischen Text anschliesst, in die gewöhnliche ags. Wortfolge mit Weglassung des lateinischen Textes, wobei er sich manche gewaltsame Willkürlichkeit erlauben muste. In England erscheint dagegen jetzt eine Ausgabe, die sich streng an die handschriftliche Überlieferung anschliesst und zugleich den nordhumbrischen Text des Codex Rushworthianus sowie nach den verschiedenen Handschriften auch die ags. Evangelienübersetzung enthält; erschienen ist davon bis jetzt das Ev. Matthæi, vorbereitet durch Kemble und vollendet durch Hardwick, sowie die Evangelien Marci und Lucæ durch Skeat in Cambridge.

Angelsächsische Grammatik.

Lautlehre.

I.

Altangelsächsische Vocale.

Wie der heutige englische Vocalismus, so zeigt auch schon der altangelsächsische im Gegensatz zu dem altsächsischen des Festlands eine auffallende Neigung zu unreinen Mischlauten, und da überdies die Schreibung nicht selten zwischen mehreren verschiedenen Lauten schwankt, so ist der Vocalismus in nicht geringe Verwirrung geraten. Um Licht und Übersicht in diese Verwirrung zu bringen, gehen wir am besten von dem einfacheren gothischen Vocalsystem aus und sehen zu, welche ags. Laute den einzelnen gothischen Vocalen entsprechen.

Goth. $\breve{a}$: Das reine $\breve{a}$ findet sich im Ags. nur noch in einigen bestimmten Fällen; ausserdem hat es grosse Einbusse erlitten durch Trübung, Brechung, Umlaut und Schwächung. Trübung des *a* ist teils *ä* (in den Mss. und in den engl. Ausgaben *æ* geschrieben) teils *o*, und seine Brechung ist *ea*. Als Umlaut des *a* gilt im Allg. *e*, und als Umlaut des *ea* gilt im Allgemeinen *ie* oder *y*:

1) **Die Trübung** *ä* (wofür zuweilen auch *e* geschrieben wird) erscheint besonders in einsilbigen Wörtern mit einfachem Schlussconsonant:

gläs, gräf, däg, lät

oder wenn darauf in mehrsilbigen Wörtern nach einfachem Consonant ein *e* folgt:

däges, däge, fäger, äcer, fäder, hrägel, fägen.

Dass übrigens in manchen Fällen dieser Art auch Formen mit *a* und *ä* neben einander bestehen (wie *fare* und *färe*, *glade* und *gläde*, *vrace* und *vräce*), werden wir in der Flexionslehre sehen.

Fällt in dem 2. der genannten Fälle das folgende *e* durch Synkope aus, so bleibt doch das *ä:*

fägres für *fägeres*, *hrägl* für *hrägel*, *fägn* für *fägen*.

Ferner gilt die Trübung *ä* als Regel auch vor *f* und *s* mit folgendem Consonant:

cräft, *äfter*, *äsc*, *räscetan* (rascheln), *gäst*, *näsan* (promontorium) *äfter*

und ebenso auch, wenn das *s* durch Metathesis hinter den andern Consonanten getreten ist, z. B. *väps* für *väsp* Wespe. Vor geminierter Muta schwanken *a* und *ä:*

häbban und *habban*, *äppel* und *appel*.

Vor *r* mit folgendem Consonant gilt *ä* fast nur in den Fällen, wo das *r* erst durch Metathesis hinter das *a* getreten ist:

bärst für *bräst*, *gärs* für *gräs*, *pärsc* für *präsc*, *bärnan* etc.

während sonst, wie wir gleich sehen werden, in diesem Falle die Brechung *ea* als Regel gilt.

2) **Die Trübung *o*** dagegen erscheint ausser der Präp. *of* = goth. *af* ahd. *aba* in Wurzelsilben nur vor *m* und *n*, hier aber schwankend neben reinem *a:*

bona und *bana*, *lomb* und *lamb*, *hond* und *hand*, *bonnan* und *bannan*.

Ein *ä* ist vor *m* und *n* ausser in den Pronominalformen *hväne* (neben *hvane*, *hvone*) und *päne* (neben *pane*, *pone*) sowie in den Conjunctionen *hvänne*, *pänne* (neben *hvonne* und *ponne*) kaum erhört. — In Ableitungssilben tritt die Trübung *o* für *a* •öfter ein, z. B.

hagol ahd. *hagal*, *eafora* ahd. *avaro*.

3) **Die Brechung *ea*** (auch *ia*) erscheint regelmässig vor *l*, *r*, *h* mit folgendem Consonant:

ceald, *eall*, *feallan*, *vearm*, *bearn*, *bears*, *eahtan*, *veaxan* (*x* = *hs*)

und bleibt auch dann, wenn der zweite Consonant abgefallen oder vocalisiert ist:

eal neben *eall*, *eal* neben *ealh* templum, *gearu* (für *gearv*) gen. *gearves*, *seah* = goth. *sahv*; *beadu* gen. *beadve*.

Zuweilen erscheint *ea* auch vor einfachen Consonanten, hier aber meist schwankend neben reinem *a:*

beneah eget, *eafora* neben *afora*, *eatol* neben *atol*, *geaf* neben *gaf* dedit.

Unregelmässig wird mitunter für *ea* auch *ä* oder *e* oder *ie* geschrieben:
gäf und *gef* neben *geaf; siex* neben *seax.*
Für *ea* findet sich bisweilen *æa* (d. h. *äa*) geschrieben: *æaldor, æall, væarh.*

4) **Das reine a** dagegen erscheint abgesehen von den Fällen, wo es mit den genannten Trübungen und mit der Brechung *ea* schwankend wechselt, vorzugsweise dann, wenn die folgende Silbe ein *a, o, u* enthält:
dagas pl. von *däg, fatu* pl. von *fät, hagol, vracu* gen. *vräce.*
Doch bleibt *ä* vor *f* und *s* mit folgendem Consonant, auch wenn *a, o, u* folgt (*cräftas, gästas*): das Nähere hierüber gehört in die Flexionslehre.

5) **Als Umlaut des a durch i** gilt im Allgemeinen *e* (wofür selten ungenau *ä* geschrieben wird):
men homines, *here* = goth. *harjis; nerian* = goth. *nasjan.*

6) **Als Umlaut des ea durch i** gilt zunächst *ie*, wofür gewöhnlich *y* oder *i* geschrieben wird:
ieldra (*yldra, ildra*) und *ieldest* (*yldest, ildest*) comp. u. superl. von *eald; ieldo* (*yldo, ildo*) = ahd. *alti; diernan* (*dyrnan, dirnan*) = ahd. *tarnjan* alts. *dernian* von *dearn* occultus; *nieht* (*nyht, niht*) neben *neaht*; *ierming* (*yrming, irming*) von *earm; ieldan* (*yldan, ildan*) = ahd. *altjan* differre (eig. alt machen, von *eald*). Zuweilen erscheint dafür auch *e* z. B. *eldan* neben *ieldan, yldan* differre; *beldo* neben *byldo, bieldo* = *balti*, und für dieses *e* findet sich sogar mitunter fälschlich *ä* geschrieben (*bäldan* für *byldan* von *beald*).

7) **Umlaut des ä durch i** ist gleichfalls *ie* (*y, i*):
giest (*gyst, gist*) neben *gäst* ohne Umlaut = goth. *gasts* (St. *gasti-*) und auch hierfür findet sich mitunter *e* (*gest* für *giest*).

8) **Die Schwächung des a** zu *e* in den Nebensilben hat bereits im Altangelsächsischen einen grossen Umfang erreicht, ebenso wie die Schwächung *e* aus anderen Vocalen.

Goth. *i* (*ai*) ist zunächst auch ags. *i*, wofür auch häufig *y* geschrieben wird, soweit es nicht durch Umlaut, Brechung oder Schwächung beeinträchtigt ist:

1) **Umlaut des i durch folgendes a** (Grimms Brechung) ist *ë.*
stëlan g. *stilan; vëg* g. *vigs* (St. *viga-*); *vëfan* weben.
Aber das *reine i* (*y*), soweit es nicht durch die gleich zu er-

wähnende Brechung *eo* Einbusse erlitt, hat im Ags. weit häufiger als in den übrigen deutschen Sprachen dem Umlaut durch folgendes *a* widerstanden, also nicht bloss wie dort vor *m* und *n*, sondern auch vor anderen Consonanten:

limpan evenire, *svimman*, *findan*, *vinnan*. — *gifan* (*gyfan*) = ahd. *gëpan*; *riht* (*ryht*) = ahd. *rëht* (St. *rihta-*); *cniht* (*cnyht*) = ahd. *knëht*; *gitan* (*gytan*) = ahd. *gezan*. Umgekehrt freilich ist mitunter im Ags. der Umlaut *ë* eingetreten, wo ihn z. B. das Ahd. nicht kennt:

scëld neben *scild* ahd. *scilt*; *stëfn stëmn* ahd. *stimna*.

2) *Die Brechung eo*, wofür auch *io*, *ie* geschrieben wird, hat das reine *i* bedeutend beeinträchtigt; am liebsten steht sie wie das goth. *aí* vor *r*, besonders wenn diesem noch ein Consonant folgt, wechselt jedoch häufig mit reinem *i* (*y*):

sveord (*sviord*) neben *svyrd*; *beorht* (*biorht*) = g. *baírhts*; *veorpan* g. *vaírpan*; *hcoru* (*hioru*) gladius; *heorot* ahd. *hiruz*; *geofan* (*giofan*, *giefan*) neben dem gewöhnlicheren *gifan* (*gyfan*); *seolfor* neben *sylfor*.

Besonders unterbleibt gern die Brechung in solchen Formen, wo in der Nebensilbe ursprünglich ein *i* folgt:

byrhtu (*birhtu*) neben den selteneren *beorhtu* (*biorhtu*, *bierhtu*) = ahd. *përahti*; *irre* (*yrre*) seltner *eorre* (*iorre*, *ierre*) = ahd. *irri*; *silfren* (*sylfren*) = ahd. *silubrîn*.

Goth. *aí* und ags. *eo* decken sich also nicht vollständig.

3) *Nach einem v* wird diesem ein folgendes *i* assimiliert d. h. es wird *vi* zu *vu*:

vudu (lignum) = ahd. *witu*; *ruht* neben *viht*; *svuster* neben *sveostor*; *svutol* neben *svital*, *sveotol*; *svurd* neben *sveord*, *svyrd* = ahd. *suërt*.

Goth. *u* (*aú*):

1) *Reines u* steht im Ags. zunächst da, wo auch das Ahd. reines *u* hat:

sunu, þurst, *bunden*, *sungon*.

Es hat sich aber im Ags. auch noch weit häufiger als im Ahd. reines *u* erhalten, nicht bloss vor *m* und *n*, welche es durchweg vor dem Umlaut durch folgendes *a* schützen, sondern auch vor andern Consonanten, wo ihm ahd. *o* entspricht:

numen ahd. *noman*; þunor ahd. *donar*; *ful* ahd. *vol*; *vul* (*vulle*) Wolle = ahd. *wolla*; *fugol* ahd. *vogal*; *ufan* ahd. *oban* supra.

2) *Der Umlaut o durch folgendes a* (Grimms Brechung) fällt zum Teil mit ahd. *o* zusammen:

hol cavus; *vorpen* ahd. *worpan; god* deus; *horn* cornu; *folc*. Während aber, wie wir soeben sahen, dieser Umlaut im Ags. häufig unterbleibt, wo er im Ahd. durchgedrungen ist, erscheint er umgekehrt im Ags. zum Teil auch, wo ihn das Ahd. nicht hat: *fox* ahd. *vuhs; storm* ahd. *sturm; ofer* ahd. *upar* super. Mitunter schwanken *u* und *o*.

husc und *hosc; vurm* und *vorm* (St. *vurma-*); *geong* (statt *jong*) neben *iung* (*ge* ist Vertreter des *j*).

3) *Umlaut des u durch folgendes i* ist *y*, wofür aber häufig *i* geschrieben, wie überhaupt *i* und *y* unterschiedslos wechseln: *cyning* ahd. *chuning; lyft* ahd. *luft* (St. *lufti-*); *lytel* ahd *luzzil; þyrnen* ahd. *durnîn* spinosus; *gylden* ahd. *guldîn; vyrm* (St. *vurmi-*) neben *vorm, vurm* (St. *vurma-*): wenn sich daneben auch die Form *veorm* findet, so ist diese wol erst durch falsche Analogie aus *vyrm* entstanden, als wäre hier *y* nicht Umlaut von *u*, sondern regelrechtes *i*.

Selten findet sich statt des Umlauts *y* unregelmässig auch *e*. *sceld* neben *scyld* ahd. *sculd* (St. *sculdi-*); *sceldig* neben *scyldig* (*scildig*) = ahd. *sculdig*.

Goth. *â* entspricht ags. in der Regel *ô*:

præt. *þôhte* g. *þâhta; brôhte* g. *brâhta; fôn* g. *fâhan; hôn* g. *hâhan; þô* g. *þâhô* argilla. [für das richtigere *þôhte, brôhte* wurde seither in den Ausgaben fälschlich *þohte, brohte* geschrieben.]

Goth. *ê* (ahd. *â*):

1) *Reines â* erscheint in einigen Verbis vor folgendem *v*: *þrâvan, blâvan, sâvan* (ahd. *drâjan, blâjan, sâjan*) und einigen ähnlichen,

sowie in einigen Præt. Plur. wie *nâmon, lâgon, sâvon* u. s. w. (das Nähere hierüber in der Conjugaton). — Nach *g* wird ihm zuweilen, um dessen *j*-ähnliche Aussprache zu bezeichnen, ein *e* vorgeschoben, wie auch *ge* geradezu als Vertreter von *j* erscheint: *geâfon, ongeâton; geâr* = g. *jêr* ahd. *jâr*, aber auch nach andern Consonanten erscheint zuweilen dies *eâ* = *â*: z. B. *neâh* = g. *nêhv* prope.

2) In einzelnen Fällen entspricht *ô*: *môna* g. *mêna* ahd. *mâno; sôna* ahd. *sân* mox; *gedôn* (part.) = ahd. *gitân; geômor* = ahd. *jâmar* (*ge* = *j*).

3) Nur in einigen wenigen Wörtern entspricht dem goth. ê (ahd. â) auch ags. ê z. B.
cvêman placere (cf. ahd. *piquâmi*); *cvên* regina = g. *qêns*. *mêce* g. *mêki*.

4) In bei Weitem den meisten Fällen dagegen gilt *æ* (in den Handschriften meist ǣ geschrieben) als Regel:
svære g. *svêrs* ahd. *suâri* gravis; *ræg* g. *vêgs* ahd. *wâg*. *svæs* g. *svês* ahd. *suâs*; *dæd* g. *dêds* ahd. *tât*; *mæg* g. *mêgs* ahd. *mâg*;
stræt ahd. *strâza*; *rædan* g. *rêdan* ahd. *râtan*.
und ebenso in der Regel im Præt. plur. z. B.
sæton, *brǣcon*, *lǣgon*, *tǣron* (s. Conjugation).
Dies *æ* ist nicht als Umlaut durch folgendes *i*, sondern lediglich als Trübung aufzufassen, da es ebenso bei folgendem *a* als bei folgendem *i* als *Regel gilt*.

Goth. *ei* (ahd. *î*) entspricht in der Regel ags. *î*:
grîpan g. *greipan* ahd. *grîfan*; *bîtan* g. *beitan* ahd. *bîzan*; *lîd* g. *leiþus*; *blîde* g. *bleiþs* ahd. *blîdi*.
Zuweilen wird jedoch auch *ÿ* geschrieben, namentlich im Auslaut z. B.
frÿ neben *frî* liber; *bÿ* neben *bî* bei.

Goth. *ô* entspricht durchweg *ô*, soweit nicht Umlaut durch folgendes *î* vorliegt:
grôf g. *grôfa* Grube; *blôtan* g. *blôtan* opfern, verehren; *svôr* juravi.
Zuweilen aber wird davor ein *e* eingeschoben:
sceôp neben *scôp* schuf; *veôx* neben *vox* crevit; *fleóvd* neben *flôved*.

Umlaut des *ô* durch folgendes *i* ist stets *ê*:
cêne ahd. *chuoni*; *sêcan* g. *sôkjan*; *frêfran* (aus *frôfrjan* trösten von *frôfor*)
und nur selten wird dafür ungenau *æ* geschrieben:
z. B. *fræcne* neben *frêcne* alts. *frôkni*.
Regel geworden ist jedoch dies *æ* für *ê* in *rædan* lesen = g. *rôdjan*.

Goth. *û*, wenn nicht Umlaut durch *i* eintritt, entspricht auch ags. *û*:
þûhte g. *þûhta*; *rûn* g. *rûna*; *fûl* g. *fûls*; *hûs* g. *hûs*; *mûs* ahd. *mûs*; *lúcan* g. *lûkan*.

Umlaut des *û* durch folgendes *i* ist *ÿ*, wofür aber bisweilen auch *i* geschrieben wird:
brÿd g. *brûþs* (St. *brûþi-*); *mÿs* pl. von *mûs*; *cÿ* pl. von *cû*;

gerŷne alts. *girûni*; *rŷman* locum dare (von *rûm*); *brŷce* (*brice*) brauchbar (von *brûcan*).

Goth. ái:
1) In bei Weitem den meisten Fällen entspricht ags. *á*:
   hám g. *haims*; *hláf* g. *hlaifs*; *sável* g. *saivala*; *ágan* g. *aigan*; *tácen* g. *taikns*; *hátan* g. *haitan*.
   und bisweilen (bes. nach *sc*) wird davor ein *e* eingeschoben: *sceán* neben *scán* splenduit; *sceádan* neben *scádan* g. *skaidan*; *leáh* neben *láh* lieh.
2) Umlaut dieses *á* durch folgendes *i* ist *œ* (auch *ê* geschrieben):
   hœtan (aus *haitjan*) heizen von *hát*; *clœne* ahd. *chleini* zierlich, sauber; *œnig* ullus von *án* unus; *hœl* ahd. *heili* salus; *hœden* ahd. *heidin*; *fœcne* (alts. *fèkni*) adj. neben dem subst. *fácen* (ahd. *feichan*).
3) Zuweilen jedoch erscheint ags. *œ* auch = goth. *ái*, ohne dass die Bedingungen des Umlauts vorhanden wären, z. B.
   hrœv g. *hraiv* (St. *hraiva-*); *sœ* g. *saivs*; *dœl* g. *dails*; *gœst* ahd. *geist*; *flœsc* ahd. *fleisc*.
   In diesem Falle scheint das *œ* der Rest eines älteren Zwischenzustandes im Übergang von *ai* zu *á*, wo wahrscheinlich *á* mit nachklingendem *e* (*á^e*) gesprochen wurde, wenn nicht etwa abweichend vom Gothischen für das Ags. *i*-Stämme anzunehmen sind.

Goth. áu:
1) Diesem entspricht ags. *eá* (nach Grimms Schreibung), soweit nicht Umlaut durch *i* vorliegt:
   heáh g. *háuhs*: *eáre* g. *áusô*; *beám* ahd. *boum*: *leán* g. *laun*; *heávan* ahd. *houwan*; *deád* g. *dauþus*; *freá* g. *frauja*.
   Zuweilen findet sich dafür *œa* geschrieben:
   grœát neben *greát* gross; *œálá* neben *eálá*; *glœáv* neben *gleáv*; *œá* = *eá* aqua.
   Weil bei den Angelsachsen der fremde Name *Augustus* zu *Agustus* wurde und weil im Altfriesischen durchweg *au* sich zu *á* verdichtete, hat man angenommen, dass auch im Ags. früher alle *au* zunächst durch Absorption des *u* zu *á* wurden, dem dann ein *e* vorklang. Allein warum erhielt sich *á* aus *ai* fast durchweg rein, während alle *au* in wirklich ags. Wörtern zu *eá* wurden? Der Hergang wird wol ein anderer gewesen sein: *au* wurde zunächst zu einem unreinen Quetschlaut, indem sich das *a* verbreiterte und

das *u* zu einem flüchtigen *o* getrübt nachklang (*á°*); indem sich nun das Lautgewicht immer mehr nach vorn concentrierte, klang allmälich ein unreines *ä* oder *e* vor (*ä́â°*), und dieser vorklingende Laut zog zuletzt das Hauptgewicht so auf sich, dass hinten auch noch der letzte Rest des *u* verklang (*ä́a*, *ǽa*) und dies wurde dann zu *éa:* so wäre jedenfalls der Laut richtiger zu bezeichnen, doch ist nun einmal die Grimmsche Schreibung eingebürgert, die aber nicht dazu verleiten darf, bei der Aussprache den Ton auf das *a* zu legen: es ist zu sprechen *éa*. Der genannte Hergang bestätigt sich auch noch dadurch, dass für *eá* (*éa*) zuweilen die *Verdichtung ê* erscheint; das *e* gewann noch mehr das Übergewicht, sodass zuletzt auch noch das *a* sich verflüchtigte; z. B.

bêgas neben *beágas* Spangen, Ringe; *êc* neben *eác* (auch); *scêt* neben *sceát* schoss; *dêgol* neben *deágol* ahd. *tougal;* *hêh* neben *heáh;* *scêvian* neben *sceávian* ahd. *scouwôn.* Vereinzelt findet sich übrigens auch *iá* für *eá:*

deáv-driás Taufall, statt -*dreás*.

ô = goth. *áu* in *dôhtor; dat dêhter.*

2) Umlaut des *eá* durch *i* ist teils *ê*, teils *ié* (*î, ý*); die Form *ê* (d. h. *ée*) ergibt sich unmittelbar aus *éa*, und die Form *ie*, wovon *î* (*ý*) nur Verdichtung ist, aus *ía;* z. B.

nêd und *niéd* (*nýd*) neben *neád* = g. *nauþs;* *êde* und *iéde* (*ýde*) neben *eáde* leicht (vgl. g. *auþs* öde); *hêran* und *hiéran* (*hýran, hîran*) = g. *háusjan;* *gelêfan* und *geliéfan* (*gelifan, gelýfan*) = g.ˈ*galáubjan;* *scêne* und *sciéne* (*scýne*) = g.*skauns* ahd. *skôni:* *býled-breóst* (mit angeschwollener Brust) zu goth. *ufbáuljan* (anschwellen machen, aufblasen).

3) Veranlasst durch die Verdichtung *ê* für *eá* erscheint zuweilen durch falsche Analogie auch *ié* (*ý, î*) in solchen Formen, wo durchaus keine Bedingung des Umlauts vorliegt, z. B.

diégol (*digol, dýgol*) neben *deágol, dêgol;* *diéd* neben *deád* mors; *liésre* neben *leásre* (dat. sg. f. von *leás*).

4) Da nun *ê* nicht bloss Verdichtung von *eá*, sondern auch, wie wir sogleich sehen werden, von *eó* = goth. *iu* ist, so ist es gleichfalls als durch falsche Analogie veranlasst zu erklären, wenn in einigen Wörtern sogar *eó* für *eá* eintritt, z. B.

deógol (*diógol*) neben *deágol* (*dêgol*); *sceóne* (*scióne*) neben *scêne* (*sciéne*); *eóstre* neben *eástre* (*êstre*) Ostern; *meóvle* neben *meávle*

(g. *mavilô*); *dreór* cruor = ahd. *trôr* altn. *dreyri; dreórung* neben *dreirung* destillatio.

Goth. iu:
1) Der gewöhnliche ags. Vertreter ist *eó* (*ió*), wofür gleichfalls richtiger *éo* (*ío*) geschrieben werden sollte; z. B.
deór (*diór*) = g. *dius* fera; *ceósan* (*ciósan*) = g. *kiusan; leóht* = g. *liuhap; jleógan* (*fliógan*); *leód* (*lióď*) = ahd. *liut.*
2) Zuweilen erscheint für *eó* auch die Verdichtung *ê*; z. B.
Vêland = ahd. *Wiolant* (*Wielant*); *cên* Fackel = ahd. *chien; hrêf* neben *hreóf* leprosus = ahd. *riob* (*hriob*).
3) Wie aber schon im Gothischen in einzelnen Fällen für *iu* die Verdichtung *û* erscheint, so auch im Ags. und zwar auch in solchen Fällen, wo das Gothische *iu* bewahrt hat, z. B.
lûcan = g. *lûkan; lûtan* = g. *liutan* sich ducken; *pûtan* neben *peótan* heulen; *scûfan* = ahd. *sciuban.*
4) Der Umlaut des *eó* durch *i* ist *ié* (*ŷ, î*), und zwar ist dieser Umlaut bereits zu einer Zeit eingetreten, wo *iu* noch nicht in *eó* sondern höchstens in *ío* übergegangen war; z. B.
strŷnan (*striénan*) = alts. *striunan; tŷr* (*tir*) gloria, decus (verwandt mit ahd. *zioro, ziaro* decore); *lŷhtan* (*lihtan*) neben *leóhtan* = g. *liuhtjan; flŷte* (*fliéte*) pontonium, Fähre (von *fleót* æstuarium); *pŷstre* (*piéstre*) neben *peóstre* (*pêstre*) = alts. *thiustri.*

Noch anderen Eigentümlichkeiten des ags. Vocalismus werden wir teils bei den Halbvocalen *v* und *j*, teils in der Flexionslehre begegnen.

II.
Altangelsächsische Consonanten.
A. Der Halbvocal *j*.

1) Für den Halbvocal *j* hat die altangelsächsische Schrift kein besonderes Zeichen, sondern es wird dafür teils *i* teils *g* geschrieben, letzteres namentlich vor *e* und *i;* folgt dagegen *a, o* oder *u,* so wird *gi* (bes. vor *o* und *u*) oder gewöhnlicher *ge* statt *g* = *j* geschrieben, und nur wenn unmittelbar ein *r* vorhergeht, steht auch hier blosses *g* (gesprochen wie *j*); z. B.

ge = g. *jus* vos; *git* ihr beide; *iuc ioc gioc geoc* = g. *juk* jugum; *iâ geâ* ja; *iung iong giung giong geong* = g. *juggs* jung; *iugud* (*iṅgud*) *iogod giugud giogud geogud* Jugend; *geâr* (neben *gêr*)

= g. *jêr* ahd. *jâr*; *giômor geômor* = ahd. *jâmar*; *nerian nergan* = goth. *nasjan*.

Ja statt *i* (*j*) findet sich im Anlaut sogar *e* geschrieben:
eogud neben *iogud* (indem das *iu* als Diphthong behandelt wurde; *eong* st. *iong geong*; *eômor* neben *geômor*.

und das *gio* = *jo* schwächt sich zuweilen zu blossem *gi* (*ging* = *geong*). Über das *ig*, *ige* in Formen wie *herige*, *cardigean* etc., das gewöhnlich gleichfalls als Vertreter des blossen *j* aufgefasst wird, kann erst in der Flexionslehre die richtige Aufklärung gegeben werden.

2) Wenn im Auslaut statt *î* mitunter *ig* steht, so ist letzteres einfach als *ij* d. h. als eine Auflösung des *î* in seine beiden Elemente (*i* + *i*) aufzufassen; z. B.

sig neben *sî* sit; *big* und *bî* bei; *frig* und *frî* frei
und mit Übergang des *g* in *h*, wie wir ihn bei den Gutturalen kennen lernen werden, wird dann zuweilen das *ig* noch weiter zu *eoh* oder mit Abfall des *h* zu *eo* (*eó?*) z. B.

freoh freo (*freó?*) neben *frig* und *frî*.

Ebenso findet sich auch im Inlaut vor *g* mitunter *ig* statt *î* geschrieben:
vigge neben *vige* pugnæ; *riggend* neben *vîgend* Kämpfer.

Anders dagegen ist *ig* (*ig*) zu beurteilen, wo es mit *iv* wechselt, wie wir bei dem *v* sehen werden.

3) Dass *j* sich einem vorhergehenden Consonanten oft assimiliert und mit diesem dann Gemination bildet, davon wird bei der Consonantengemination die Rede sein.

B. Der Halbvocal *v*.

1) Der Halbvocal *v* ist in den ags. Mss. in der Regel durch die Rune *p* (*vên*) ausgedrückt, zuweilen aber auch durch *u*, seltner durch *uu* oder *pu* d. h. *vu*. Daher ist es noch immer eine Streitfrage, ob wir jenes Runenzeichen durch *v* oder durch *w* wiederzugeben haben. Ich bin entschieden der Ansicht, dass im Altangelsächsischen ebensogut wie im Gothischen, wo gleicher Streit herscht, das einfache *v* genügt, wenn auch die Aussprache dieselbe war wie die des engl. *w*, verschieden von der dünneren Aussprache des romanischen *v* oder unsres heutigen *w*: Dies liegt eben in der halbvocalischen Natur des ursprünglichen deutschen *v*. Erst später genügte das einfache *v* nicht mehr zur graphischen Bezeichnung des deutschen Halbvocals, als das französische *v* mit der verdünnten Aussprache unseres heutigen *w* in die Sprache eindrang und zugleich für die Erweichung des germanischen *f* gebraucht wurde: daher wurde

nunmehr für das ursprüngliche einheimische *v*, um seine dickere Aussprache zu bezeichnen, das *w* (d. h. *vv*) nötig. Die vorher erwähnte seltenere Schreibung *uu*, *þu* in altangelsächsischen Denkmälern ist wol erst durch die jüngeren Abschreiber eingeführt, da uns viele altangelsächsische Denkmäler in Handschriften vorliegen, die erst in der neuangelsächsischen Periode geschrieben sind. Ebenso war schon früh im Ahd. das *w* notwendig geworden zur Bezeichnung des deutschen Halbvocals, seit *v* zur Bezeichnung des aus *f* erweichten Lautes verwendet wurde.

2) Im Allgemeinen entspricht dem goth. *v* (ahd. *w*) auch im Altangelsächsischen *v*:

vracu = g. *vraka*; *vlite* = g. *vlits*; *vitod* = g. *vitôþs*; *vulf* = g. *vulfs*; *verian* = g. *varjan* und *rasjan*; *vord* = g. *vaúrd*; *svœs* = g. *svês*; *tvelf* = g. *tvalif*.

3) In den Anlauten *tv*, *sv* und ähnlichen wird das *v* von einem folgenden *u* zuweilen absorbiert, z. B.

svuster (für *svister sveostor*) wird *suster*; *tvuva* (st. *tviva* bis) wird *tuva*; *svutol* (statt *svital*) wird *sutol*; *cuman* = g. *qiman*. und zuweilen auch von folgendem *a*, das dann zu *o* wird:

dol = g. *dvals*; *sol* = altn. *sval* Wellenschlag; *com* neben *cvom* = g. *qam*.

Aber auch selbst anlautendes *v* wird zum Teil von folgendem *u* absorbiert, so in *uht* für *vuht* (*viht*) = g. *raíhts*.

4) Im In- und Auslaut wirft die Verbindung *ngv* (goth. *ggv*) ihr *v* ab, soweit sie das *ng* bewahrt, ebenso bei *nev*; z. B.

singan sang = g. *siggvan saggv*; *sincan sanc* = g. *sigqan sagq*. Von dem *v* in den Verbindungen *hv* und *cv* wird bei den Gutturalen die Rede sein.

5) Wie die Negation *ne* vor vocalisch anlautenden Wörtern mit diesen häufig unter Verlust ihres *e* zu einem Compositum verschmilzt, z. B.

nâgan = *ne âgan*; *nâ* = *ne â*; *nân* = *ne ân*; *næfre* = *ne æfre*, so auch mit solchen Wörtern, die mit *v* anlauten und die dann letzteres zugleich selber mit einbüssen, z. B.

nyllan (*nillan*, *nellan*) = *ne villan*; *nolde* = *ne volde*; *nytan* (*nitan netan*) = *ne vitan*; *nât* = *ne vât*; *näs* = *ne väs*; *nære* = *ne være*.

6) Nach Vocalen ist abweichend vom Ahd. das Altangelsächsische dem auslautenden *v* nicht abhold, wirft es jedoch in einigen Wörtern auch ab:

ceáv = ahd. *chou* kaute; *gleáv* = ahd. *klou*; *eóv* = ahd. *iu*

3

vobis; *snâv* = goth. *snáivs* ahd. *snêo;* dagegen *sæ* = g. *sáivs* ahd. *sêo; þeóv* und *þeó.*
Nach Consonanten dagegen vocalisierte sich im Ags. ebenso wie im Ahd. und Alts. das auslautende *v* zu *u* (*o*), soweit es nicht abfiel: *bealu* (*bealo*) gen. *bealves; gearu gearo* pl. *gearve; beadu beado* gen. *beadve; melu melo* gen. *melves.*
Für das *uv* als vermeintliche Erweiterung eines einfachen *v* wie z. B. in *bealuves* neben *bealves* lehrt die Declination den wahren Grund.

7) In den Verbindungen goth. *aggv, iggv,* soweit sie nicht durch Abfall des *v* zu *ang ing* wurden, hat sich in den übrigen deutschen Sprachen ausser dem Altn. das *ng* vor dem bleibenden *v* zunächst allmälich zum blossen Nasalklang $\tilde{n}$ verflüchtigt und dieser verschwand dann zuletzt teils völlig oder wurde vielmehr von dem vorhergehenden Vocal unter dessen Verlängerung absorbiert, teils aber vocalisierte sich auch jener Nasalklang zu *u* und verschmolz mit dem *a* zu *au* und mit dem *i* zu *iu;* im Altn. dagegen entspricht dem goth. *aggv* in der Regel *öggv* (vor Consonanten *ögg ög*):

goth. *glaggvus:* altn. *glöggr* (acc. *glöggvan*) ahd. *klâwêr* (*klawêr*) *klôwêr* (*gloowêr*) und *klauwêr.*
altn. *höggva:* ahd. *hâwan* (*hawan*) *hôwan* und *hauwan* (*houwan*).
altn. *döggva* (*dögda*) tauen: ahd. *tôwên.*
goth. *bliggvan:* ahd. *bliwan* und *bliuwan.*

Was die Verlängerung des Vocals bei schwindendem $\tilde{n}$ betrifft, so steht dieselbe im Ahd. wenigstens bei *a* teilweise ausser Zweifel: denn die Nebenform *ôw* (auch *oow* geschrieben) erklärt sich nur aus früherem *âw,* aber nicht aus *aw;* daneben jedoch wird sich nicht läugnen lassen, dass auf der andern Seite sich *âw* zum Teil auch allmälich zu *aw* verkürzte, weil nur unter dieser Voraussetzung der ahd. Umlaut *ew* seine Erklärung findet; bei *iw* dagegen scheint die Kürzung überhaupt schon frühzeitig eingetreten zu sein.

Aber auch gothischem *av* (*au*) und *iv* (*iu*) entspricht z. B. im Ahd. ebenso teils *âw* (*ôw, aw, ew*) und *iw,* teils *auw* (*ouw*) und *iuw:*

goth. *skavjan* (*skavjiþ*): ahd. *scâwôn* (*scawôn*) *scôwôn* und *scouwôn.*
goth. *straujan* (*stravida*): altn. *strâ* (*strâda*) ahd. *strawan* (*strewan*) und *streuwan.*
goth. *afdaujan* (*afdauïþs*) [gewöhnlich *afdôjan* angesetzt] abmatten, aufreiben: altn. *deyja* sterben = ahd. *tôwan tawên teuwan* sterben.

altn. *þeyja* (aus *þavjan þaujan*) auftauen: ahd. *dawian dewian* und *dauan deuwan*.

altn. *þreyja* und *þrâ* (aus *þravan*) præt. *þrâda*: ahd. *drâwan drawjan drewjan drôwan* und *drauwan*.

goth. *niujis* (statt *nirjis*): ahd. *niwi* und *niuwi*.

Wir sind daher berechtigt zu der Annahme, dass auch da, wo das Gothische *av*, *iv* hat, in früherer Zeit Nebenformen mit *aggv* und *iggv* (*añv*, *iñv*) bestanden haben: für *skavjan* scheint dies in der Tat durch das altn. *skugg-siá* (speculum) und goth. *skuggva* Spiegel bestätigt zu werden.

Diese Abschweifung auf das Gebiet der übrigen deutschen Sprachen setzt uns nun in den Stand, auch die *altangelsächsischen* Vertreter jener Verbindungen richtig zu beurteilen.

8) Dem goth. *aggv* und *av* entspricht im Ags. in der Regel *eáv* = ahd. *auw* (*ouw*), und nur selten bleibt *áv* (*av*):

goth. *glaggvus* ags. *gleáv*; altn. *höggva* ags. *heávan* (= ahd. *hauwan*); altn. *döggr* (pl. *döggvar*) ags. *deáv*; goth. *skavjan* ags. *sceávian* (selten *scávian* oder *scavian*); goth. *marilô* ags. *meávle* (oder ungenau *meórle*, wie auch ahd. zuweilen *iuw* mit *auw* wechselt); altn. *þreyja* Bedrängnis fühlen: ags. *þreán* (contrahiert aus *þreávan*) und *þreágan* (*g* = *j*); altn. *þeyja* ags. *þávan* oder *þavan* auftauen.

Vor *j* oder dessen Vertreter *g* entspricht nicht *eáv*, sondern blosses *eá*, wie z. B. in dem eben erwähnten *þreágan*; gewöhnlich aber tritt in diesem Falle statt *eá* dessen Umlaut *ê* (*ŷ*, *i*) ein:

goth. *havi* (St. *hauja-* statt *havja-*): ags. *hêg hig hŷg*.

altn. *heyja* (aus *havjan*, *haujan*) und *hâ* (aus *hávan*) præt. *hâda* perficere = ags. *hêgan* præt. *hêde*.

9) Dem goth. *iggv* und *iv* entspricht bald *iv* bald *eóv* (*ióv*) oder mit Umlaut *ŷv* etc.:

goth. *niujis* (St. *niuja-* statt *nivja-*) altn. *nŷ-r* (aus *nivja-*, *niuja-*, *nûja-*): ags. *nive* und *neóve* (*nióve*) oder mit Umlaut teils *nŷve* teils in Compositis *nîg-* (d. h. *nŷj-*): doch könnte statt *nŷve* auch *nyve* = *nive* angesetzt werden.

altn. *glŷ* (aus *glivja-*, *gliuja-*, *glûja-*) lætitia: ags. teils *gliv* und *gleóv* (oder mit Abfall des *v* *gleó*, *glió*) vom einfachen Stamm *gliva-*, teils mit Umlaut *glig* (für *glŷg*) *gligg* und *glić* vom Stamm *glivja-*. Neuenglisch lautet das Wort *glee*.

3 *

ags. *beó* = ahd. *bía* (apis) entstand aus *biggra *bíva d. h. die tätige, zu lat. *facere*.

10) Wenn nun für die Neunzal im Ags. allgemein *nigun* (*nigan*, *nigon*) gegenüber dem gothischen *niun* skr. *navam* gilt, so ist dasselbe als *nijun* aufzufassen: aus *navam* ward zunächst *nivan*, *nivun*, dies aber wurde durch Absorption des *v* zu *nî-an nî-un* und hierin endlich löste sich das *î* zu *ij* (*ig*) auf wie in *vigg* = *rîg*, *big* = *bî*.

11) Nach Diphthongen schwindet zuweilen inlautendes *v* zugleich mit Ausfall des folgenden Vocals und es entstehen contrahierte Formen:
þreán statt *þreávan*; *reón* statt *reóvon* ruderten.

C. Die Mutæ.

Der Stand der angelsächsischen Mutæ ist im Allgemeinen derselbe wie im Gothischen, Altsächsischen, Altfriesischen und Altnordischen, d. h. sie stehen im Gegensatz zum Ahd. auf der Stufe der ersten deutschen Lautverschiebung. Die allgemeinen Lautgesetze sind dieselben wie im Gothischen, und wir betrachten daher im Allgemeinen hauptsächlich nur diejenigen Erscheinungen, in denen das Ags. vom Gothischen abweicht.

1) Die Gutturalen.

1) *Die Gutturaltenuis* wird nur selten durch *k*, gewöhnlich durch *c* ausgedrückt: dies aber wird auch vor *e*, *i*, *y* durchweg wie *k* gesprochen; denn es alliteriert z. B. *cennan* mit *cräft*, *cynn* mit *cûdon*, *ceósc* mit *gecorenum*, *cild* mit *cneó*.

2) Dem gothischen *q*, das bekanntlich ohne *v* geschrieben wird, entspricht im Altangelsächsischen im Anlaut *cv*, z. B.
cvëdan = g. *qiþan*; *crên* = g. *qêns*; *cveorn* = g. *qaírnus*
und nur in dem dem gothischen *qiman* entsprechenden Verbum wird das *v* zum Teil vom folgenden Vocal absorbiert, z. B.
cuman st. *criman cvuman*; *cymest* st. *cvimest*; *com* neben *cvom*; *cômon* neben *cvômon*.
Im In- und Auslaut dagegen steht nicht *cv*, sondern blosses *c*, soweit nicht etwa das *v* im Auslaut vocalisiert wird:
sincan = g. *siggan*; *sanc* = g. *sagq*; *cvic* und *cvicu* (*cvico*) statt *cvicv*.

3) *Die Gutturalmedia g* vertritt, wie wir bereits sahen, häufig den Halbvocal *j*, muss also überhaupt eine diesem ähnliche Aussprache gehabt haben, und zwar nicht bloss vor hellen, sondern auch vor dunkelen Vocalen und vor Consonanten, da die wirkliche Media *g* ohne Unterschied mit *j* oder dessen Vertreter *y* (*ge*) alliteriert; so alliteriert z. B.

Juliana mit *god*, *glæm*, *gleáv* und *gramum*; *geong* (*iung*) mit *gomol*; *geâr* (*gèr*) mit *gold* und *god*; *geoc* (g. *juk*) mit *geóce* und *gœst*.

4) Inlautendes *g* schwindet häufig; entweder nemlich vocalisierte es sich wegen seiner nahen Verwandtschaft mit dem *j* zunächst zu *i* und verschmolz mit vorhergehendem *a* zu *ai* (*â*), z. B.

geân (= mhd. *gein*) aus *gegn* (= *gagin*),

oder es ward einfach von dem vorhergehenden Vocal absorbiert und verlängerte diesen, z. B.

þên aus *þegn* (*þign); *rên* aus *regn* (g. *rign*); *væn* = *vägn*; *pînen* = *þignen* Magd.

Anders war der Hergang bei einigen Verbis, wie wir bei der Consonantengemination sehen werden.

5) **Die Gutturalaspirata** *h* ist wenigstens im Anlaut vor Vocalen zur reinen Spirans verflüchtigt, gesprochen als dünner Hauch wie unser *h*, sodass es zuweilen (namentlich im Beovulf) gradezu mit vocalischem Anlaut alliterierte; so alliteriert z. B.

B. 499 *Hûnferd* und *Ecgþeóv*, B. 2929 *egesfull* und *hondslyht*; Ps. 71[13] *helped* und *eác*.

Und da die Anlaute *hv*, *hr*, *hl*, *hn* unterschiedslos mit blossem *h* alliterieren, so muss auch hier zuletzt blosser Hauch gehört worden sein (*hvît*, *hreám*, *hleór*, *hnîgan*); ebenso im Inlaut zwischen Vocalen (*þihan*, *vrihan*); dagegen wird es in Verbindungen wie *ht* etc. sowie im Auslaut wol wie ein dünnes *ch* gesprochen worden sein (*meaht*, *niht*, *seah*).

6) Zwischen Vocalen hat sich das *h* meist ganz verflüchtigt, wobei dann in der Regel zugleich auch der folgende Vocal wegfiel; z. B.

slean st. *sleahan* (*slea-an*); *lean* statt *leahan* (*lea-an*); *þvean* st. *þveahan*; *gefea* st. *gefeaha* Freude; *heá* st. *heáhe*; *heáum* st. *heáhum*; *þô* = g. *þâhô*; *hôh* pl. *hôs* st. *hôhas hûas*; *yefeon* st. *gefeohan gefeo-an* (nordh. *gefea* d. h. *gefe-a* st. *gefeha*); *seon* st. *seohan seo-an* (nordh. *sea* st. *seha*)

und ebenso fällt inlautendes *h* oft nach *r* und *l* aus, z. B.

feorh gen. *feores*; *befeolan* præt. *befealh* (goth. *filhan*); *ferd* neben *ferhd*; *myrd* neben *myrhd* (statt *myrgd*).

Aber auch vor Consonanten findet dieser Ausfall des *h* zuweilen statt:

þisla st. *pihsla*; *neósian* goth. *niuhsjan*; *heáne* st. *heáhne*; *heáre* st. *heáhre*; *vüstm* st. *vähstm*.

Auch im Auslaut fällt *h* leicht ab, z. B.

feo neben *feoh*, *hreó* neben *hreóh*.

Ob wir bei diesem Wegfall des *h* Verlängerung eines kurzen Vocals anzunehmen haben oder nicht, muss dahin gestellt bleiben: wahrscheinlicher ist das letztere, da hier wol reine Verflüchtigung, nicht Absorption vorliegt.

7) Auch anlautendes *h* fällt gleich dem anlautenden *v* in Zusammensetzungen mit der Negation *ne* fort, z. B.

nabban = ne habban; näfde = ne häfde.

8) Die Verbindung *hv* hat sich nur im Anlaut erhalten; im In- und Auslaut dagegen büsste sie bald das *h* bald das *v* ein und ward daher weiterhin ganz wie das einfache *v* oder *h* behandelt; z. B.

sâvon = g. *sêhvun; seah* = g. *sahv; gesëven* = g. *gasaihvans; seon* (st. *seohan*, nordh. *sea*) = g. *saíhvan; lihan lâh* = g. *leihvan láihv.*

Dem goth. *a h v a* (St. *ahvâ-*) entspricht ags *eá* und *êg* (*îg*); *ahra* wurde zunächst mit Ausfall des *h* zu **áva *aura *eáv* und dies dann weiter zu *e á* (aqua). Neben dem einfachen Stamm *ahvâ-* hat aber auch noch ein Stamm *ahvjâ-* bestanden, der zunächst mit Verlust des *h* zu **âvjâ-* (*arjâ-*) **aujâ-* wurde: diesem entspricht in der Tat in ahd. Ortsnamen *-avia, -ôwia* (z. B. *Ubiráwia, Hupin-áwia* = Hübenau, cf auch *Scandinavia*), ferner mhd. *augia* und altangelsächsisch mit Umlaut *îg* (statt *ŷg*) und *êg;* für *ëg* findet sich auch *ǽg* und für *îg* auch *igg* (wie *rigg* für *vîg*) geschrieben, also ganz entsprechend den vorher beim einfachen *v* besprochenen Hergängen.

9) *Wechsel zwischen h und g* findet im Ags. häufig statt. Am häufigsten ist der Übergang des *g* in *h*, und zwar im Auslaut nach *r*, nach *l* oder nach langem Vocal, z. B.

burh dat. pl. *burgum; beáh* gen. *beáges; dolh* dat. *dolge; bëlgan balh; bôh* gen. *bôges.*

Doch finden sich daneben auch Formen mit auslautendem *g* (*burg, beág, dolg, bealg*), und manche Wörter behalten sogar stets auslautendes *g* (z B. *dragan drôg*). Nach kurzem Vocal bleibt in der Regel auslautendes *g* (*däg, vëg, byrig*). Aber auch umgekehrt tritt zum Teil *g* für *h* ein, z. B.

fulgon g. *fulhun; lean* (statt *leahan*) *lôg.*

Selbst das auslautende aus *j* entstandene *g* in der Verbindung *ig = î* geht zum Teil in *h* über und *ig* wird dann zu *eoh* oder noch weiter mit Abfall des *h* zu *eó*, z. B.

frig = frî wird *freoh, freó.*

Andere Fälle des In- und Auslauts, in denen *g* und *h* in einander übergehen, werden wir bei der starken Conjugation kennen lernen.

2) Die Dentalen.

1) *Für die Dentalaspirata* hat das Altangelsächsische zwei verschiedene Zeichen, nemlich *þ* (d. h. die Rune *þorn*) und *đ* (D) d. h. *th* und *dh*: beide zusammen entsprechen dem Gothischen *þ* = *th*. In vielen (namentlich jüngeren) Handschriften werden beide Zeichen ganz promiscue gebraucht; doch lassen andere Handschriften deutlich die Regel erkennen, dass im Allgemeinen *þ* als der härtere Laut dem Anlaut, *đ* dagegen als der weichere dem In- und Auslaut gebührte. Nach J. Grimms Vorgang haben daher die meisten in Deutschland erschienenen Ausgaben die Unterscheidung consequent durchgeführt; hierdurch ist das in ags. Handschriften als grosser Initial gebrauchte D ganz überflüssig geworden und man hat dafür das differenzierte Zeichen Þ eingeführt.

2) Die *Aussprache* der Dentalaspirata war ohne Zweifel schon im Altangelsächsischen ebenso wie im Gothischen die gelispelte des englischen *th* und zwar war, wie gesagt, die Aussprache des *þ* die härtere und die des *đ* die weichere; z. B.

þeóden, þringan; veordan, vridan; vid, vrâd, veord.

3) Im Allgemeinen ist *đ* von *d* scharf geschieden; doch ist in manchen Fällen älteres *đ* zur Media *d* abgestuft, eine Erscheinung die sich ja auch im Gothischen findet z. B.

vuldor = g. *vulpus*; *findan* = g. *finþan*.

Weitere Belege dafür bietet die starke Conjugation.

4) Dem goth. Anlaut *þl* entspricht wie in den übrigen deutschen Sprachen *fl* und ebenso *fr* dem goth. *þr*:

fleón (ahd. *fliohan*) = g. *þliuhan*; *frôfor* (alts. *fluobhar*) zu goth. *þrafstjan*.

3) Die Labialen.

Hinsichtlich der Labialen ist nur zu bemerken, dass im Altangelsächsischen regelrechtes *b* = *φ*, das im Anlaut stets gothischem *b* entspricht, im In- und Auslaut überall zu *f* geworden ist, auch wo es im Gothischen *b* geblieben ist, wie überhaupt im In- und Auslaut gothischem *b* ags. *f* gegenübersteht, ausser in der Gemination *bb*, von der nachher die Rede sein wird, und in der Verbindung *mb* z. B.

lamb lambor zu skr. *labh lambh* concipere; *comb* (Kamm) = gr. γόμφος (Backenzahn).

Ob in den einzelnen Fällen $f = \pi$ oder $b = \varphi$ als das regelrechte anzunehmen sei, muss die Etymologie des betreffenden Wortes entscheiden, die freilich in manchen Fällen noch zweifelhaft ist; z. B.
hıfen = g. *lubains* Hoffnung, zu skr. *lubh;* *lâf* pl. *lâfe* g. *láiba* zu gr. *λείπειν;* *deáf* goth. *dáubs* (taub) verwandt mit *τυφλός;* *scafan* = g. *skaban* zu gr. *σκαφεύς* der Gräber.
Ein *ph* kennt das Ags. nicht; wo scheinbar ein solches vorkommt, ist es stets *p-h* in Compositis, z. B. *sciphere* ist *scip-here*, also getrennt zu sprechen.

D. Die Spirans *s*.

1) Die Spirans *s* entspricht im Allgemeinen dem gothischen *s*, und wie ursprüngliches *s* im Gothischen zum Teil in *z*, im Ahd. in *r* übergieng, so findet auch im Ags. Übergang des *s* in *r* statt, aber auch in solchen Fällen, wo das Gothische reines *s* bewahrt hat; z. B.
eáre g. *ausô; nerian* g. *nasjan; deór* g. *dius; betera* g. *batiza*.
Weitere Beispiele werden wir in der Conjugation kennen lernen.

2) Die Verbindungen *sc* und *sp* erleiden in- und auslautend zum Teil Umstellung zu *cs* (*hs, x*) und zu *ps*; z. B.
âscian âcsian (*âhsian*) *âxian* = ahd. *eiscôn* heischen; *vascan* und *raxan* waschen; *hnescian* und *hnexian* mollire; *fisc* und *fix* g. *fisks;* *frosc* und *frox;* *asce* und *axe* Asche; *flaxe* mlat. *flasca; risc* und *rix* juncus; *husc* und *hux* Hohn. *crisp* (crispus) und *cripsian* (crispare); *cosp* und *cops* Fessel; *äspe* und *äpse* Äspe.
Aber auch umgekehrt wird *ps* zu *sp* sowie *ns* zu *sn* umgestellt, z. B.
gecleps (*geclebs geclibs*) und *geclysp* clamor (zu *clypian* rufen); *clænsian* und *clæsnian* von *clæne*.
Anlautendes *ps* in Fremdwörtern büsst sein *p* ein, z. B. *sealm* psalmus: doch findet sich daneben auch *psalm*.

3) Übrigens steht das ags. *x* teils für *cs* (*äx* neben *acas* g. *aqizi* Axt), teils für *hs* (*veaxan* g. *vahsjan*), teils für *gs* (*axe* neben *asce* g. *azgô* Asche).

E. Die Liquida *r*.

1) Die Liquida *r* erfährt häufig in den Anlauten *gr, hr, br, þr* Versetzung hinter den folgenden Vocal, wenn auf diesen ein *s* oder *n* folgt, z. B.
gräs und *gärs*; *brinnan* und *beornan*; *hyrstan* für *hrystan* rüsten; *burna* ahd. *brunno* (cf. nhd. Born); *hors* ahd. *hros*; *þërscan* g. *þriskan*; *bridd* und *bird* pullus.

Aber auch selbst anlautendes *r* erfährt solche Umstellung (z. B. *rinnan* und *irnan*).

2) Aus *s* entstandenes auslautendes *r* geht zum Teil verloren z. B. die Partikel *ar-* g. *us-* ahd. *ar-* wird *â-* (*â-dælan* ahd. *arteilan*), *þe tibi* = ahd. *dir* g. *þus*, *ve* g. *veis* ahd. *wir*, *mâ* g. *mâis* ahd. *mêr*. Aber auch *sprecan* und *spræc* verlieren bereits im Altangelsächsischen ihr inlautendes *r*:

> *spëcan* engl. *speak* neben *sprëcan; spæc* engl. *speech* neben *spræc.*

F. Die Liquiden *m* und *n*.

1) Vor *f*, *d* und *s* fallen *m* und *n* aus mit Verlängerung des vorhergehenden Vocals, und zwar wird dabei *â* zugleich noch weiter zu *ô*, z. B.

> *fîf* g. *fimf; sôfte* ahd. *samfto* adv. *und sêfte* ahd. *samfti* adj. —
> *ôdar* g. *anþar; tôd* ahd. *zand* g. *tunþus* (statt *tanþus*); *hrîder* ahd. *rindir* Rind; *cûd* g. *kunþs; mûd* g. *munþs*.
> *gôs* ahd. *gans; hôs* (agmen) g. *hansa; êst* g. *ansts* (St. *ansti-*); *ûs* g. *uns* nobis; *hûsl* g. *hunsl.*

Nur in goth. *finþan* bleibt ags. das *n*, verwandelt aber das *þ* in *d* (*findan*), und die Verbindung *ns* bleibt nur in den Verbalformen *manst* von *munan* und *canst* von *cunnan*, im Verbum *þinsan* sowie in einigen Fremdwörtern oder in solchen Wörtern, bei denen zwischen *n* und *s* ein Vocal ausgefallen ist, z. B.

> *minsian* ahd. *minnirôn* (st. *minnisôn); vinster* ahd. *winistar sinister;*
> *clænsian* würde ahd. *chleinsôn lauten. — *pinsian* = *pensare* abwägen etc.

2) Einmal findet sich auch Ausfall des *anlautenden m* in der Composition mit der Negation *ne*, nämlich *næge* = *ne mæge*.

G. Consonantengemination.

1) Gemination der Consonanten, welche im Auslaut bald beibehalten bald vereinfacht wird, entsteht meist durch Assimilation, zumal eines *j;* dabei ist zu bemerken, dass *gj* nicht zu *gg* wird, sondern zu *cg* (auch *cgg* geschrieben), und dass *bb* teils aus *bj* theils aus *fj* entstand; z. B.

> *veccan* = g. *vakjan; lecgan* = g. *lagjan; ecg* pl. *ecge* = acies;
> *hlehhan* = g. *hlahjan.* —
> *biddan* = *bidjan; lettan* = g. *latjan; sceddan* = g. *skaþjan.* —

sceppan = g. *skapjan*; *veb* gen. *vebbes* aus *vafja-* zu skr. *vap* weben; *sib* gen. *sibbe* = g. *sibja* skr. *sabhâ*. — *þennan* und *þenian* = g. *þanjan*; *ben* gen. *benne* = g. *banja*; *tellan* und *telian* aus **taljan*.

Aber auch andere Consonanten werden assimiliert, selbst nach langen Vocalen, z. B.

spillan aus *spildjan*; *sêlla* neben *sêlra*; *þyrre* = g. *þaúrsus*; *eorre* = g. *airzi* (während sich in *eorsian* indignari das *rs* erhalten hat); *lässa* aus *läsra*; *visse* aus *viste*.

2) Besonders zu erwähnen sind einige Verba, in denen sich zunächst *gd*, *gn* zu *dd*, *nn* assimilierte, dann aber später statt der Gemination nur einfacher Consonant geschrieben wurde; jener Zwischenzustand lässt sich zwar im Ags. nicht mehr nachweisen, im Ahd. aber hat sich die Gemination wirklich erhalten; z. B.

brëgdan brägd brugdon ward *brëdan bräd brudon* (statt *brëddan brädd bruddon*) = ahd. *prëttan pratt pruttun*.

strëgdan ward *strëdan*.

frignan frägn (*fragn*) *frugnon* ward *frinan fran frunon* (statt *frinnan frann frunnon*) = g. *fraihnan*.

Die ursprünglichen Formen *brëgdan stregdan*, *frignan* sind neben den jüngeren Formen im Gebrauch geblieben.

3) Zuweilen entstand Gemination auch durch Synkope eines Vocals und steht dann auch nach langem Vocal; z. B.

bræddon aus *brædedon* = g. *braididêdun*, *letton* aus *letedon* (= g. *latidêdun*), *ânne* = g. *ainana*; *þînne* = g. *þeinana* tuum; *sârra* = ahd. *sêriro*.

4) Nicht selten aber entstand Gemination auch durch blosse Schärfung eines einfachen Consonanten, z. B.

snottor neben *snotor* (vgl. g. *snutrei* Weisheit; *sæcce* neben *sæce* von *sacu* = g. *saka*;

tæppedu tapeta; *droppetan* tropfen von *dropa* gutta; *tuddor* neben *tudor*;

geneahhe neben *geneahe* satis,

und dies selbst nach langem Vocal, z. B.

âttor neben *âtor* = ahd. *eitar*; *rôttra* lætior neben *rôtra*; *mâddum* neben *mâdum* = g. *maiþms*.

5) Hinsichtlich des *hh*, mag es aus *hj* oder durch blosse Schärfung eines *h* entstanden sein, ist zu bemerken, dass seine Aussprache wol

die eines geschärften *ch* war (*hlehhan*). Wirkliches *ch* findet sich im Altangelsächsischen ebensowenig wie wirkliches *ph* geschrieben: wo scheinbar ein *ch* vorkommt, gehören *c* und *h* zwei verschiedenen Silben an in Compositis z. B. *lîchama* ist *lîc-hama* und so ist auch getrennt zu sprechen.

Formenlehre.
I.
Conjugation.
A. Starke Conjugation.
1) Ablautende starke Conjugation.

1) Das Wesen der *ablautenden starken Conjugation* besteht bekanntlich darin, dass sie ihre Tempora durch Veränderung des Wurzelvocals bildet, durch den sog. *Ablaut*, eine Veränderung, welche unabhängig ist von den Vocalen der Flexionssilben und also wol zu unterscheiden vom Umlaut. Vielmehr ist der Ablaut ursprünglich entstanden teils durch Contraction teils durch Steigerung und Schwächung des Wurzelvocals unter dem Einfluss der ursprünglichen Accentuation, welche früher, ehe der Hauptton sich durchweg auf die Wurzelsilbe warf, auch im deutschen Verbum ganz dieselbe gewesen sein muss, wie sie im Sanskrit vorliegt, wo sie ganz ähnliche Veränderungen des Wurzelvocals hervorgerufen hat. Eine nähere Erörterung gehört in die gothische Grammatik, weil dort die Vocalverhältnisse noch weit klarer und durchsichtiger als in den übrigen deutschen Sprachen vorliegen.

2) Es gibt 5 ablautende starke Conjugationen, die sich im Præs. sg. 1., Præt. sg. 1., Præt. pl. und Part. Præt. folgendermassen von einander unterscheiden:

Conj. I: Der ursprüngliche Wurzelvocal ist *a* und der Wurzelauslaut einfacher Consonant; von der Beschaffenheit des letzteren hängt die Gestaltung des Wurzelvocals im Part. Præt. ab: vor Muta oder *s* ist er goth. *i*, vor Liquiden dagegen goth. *u*; die Ablautreihe ist folgende:
a. *Goth.*

i (*ai*)	*a*	*ê*	*i* (*ai*) und *u* (*aú*)
lisa	las	lêsum	lisans
stila	stal	stêlum	stulans

b. Aags.

ë (i od. y, eo od. ie)	ä (e, ea, a, o)	æ (â, eâ, ê, ô)	e (i, y, ie, eo) u. o (u)
lëse	läs	læson	lësen
vrëce	vräc	vræcon (vrêcon)	vrëcen
rëfe	väf	væfon	rëfen
seo	seah	sævon, sâvon	seven
gife (gyfe, giefe, geofe)	geaf (gäf, gef)	geâfon (gæfon, gêfon)	gifen, (gyfen, giefen, geofen)
nime	nam (nom)	nâmon (nômon)	numen
stële	stäl	stælon (stêlon)	stolen
bëre	bär	bæron (bêron)	boren

Während vrëcan und sprëcan im Aags. das Part. Præt. regelrecht vrëcen, sprëcen bilden, folgt brëcan der Analogie von stëlan bëran d. h. es bildet das Part. brocen; drëpan dagegen lautet im Part. teils drëpen teils dropen.

Abweichende Lautverhältnisse zeigt das aus cviman entstandene Verbum cuman:

cume; cvom com; cvômon cômon; cumen (cymen).

Conj. II: Der Wurzelvocal ist a und der Wurzelauslaut besteht aus 2 — 3 Consonanten; die Ablautreihe ist folgende:
a. Goth.

i	a	u	u
binda	band	bundum	bundans
hilpa	halp	hulpum	hulpans

b. Aags.

i (ë, eo)	a (o, ëa, ä)	u	u (o)
binde	band (bond)	bundon	bunden
svimme	sram (swom)	svummon	swummen
gilpe	gealp	gulpon	[golpen]
irne (eorne)	arn (earn)	urnon	urnen
feohte	feaht	fuhton	fohten
veorpe	vearp	vurpon	vorpen
bërste	bearst (bärst)	burston	borsten
brëgde	brägd	brugdon	brogden
hëlpe	healp	hulpon	holpen
gefrëgne	gefrägn	gefrugnon	gefrugnen
gefringe	gefrang	gefrungon	gefrungen

brëgdan bildet das Part. Præt. jedoch auch nach Analogie von Conj. I brëgden, und in der uns aus der Lehre von der Assimilation bereits bekannten Nebenform *brĕdan* (statt *brĕddan*) bildet es:

brĕde bräd brudon brodęn

und ebenso das ganz analoge *frinan* (statt *frinnan* aus *frignan*):

frine fran frunon frunen.

Conj. III: Der Wurzelvocal ist ursprünglich *â* (im Præs. und Part. Præt. zu *a* geschwächt), und die Ablautreihe ist folgende:

a. *Goth.*

a	ô	ô	a
fara	*fôr*	*fôrum*	*farans*

b. *Aags.*

a (ea, ä [e] o)	ô (eô)	ô (eô)	a (ea, ä [e], o)
fare	*fôr*	*fôron*	*faren*
grafe	*grôf*	*grôfon*	*grafen (gräfen)*
vace (väce väcce)	*vôc (veôc)*	*vôcon (veôcon)*	*vacen (väcen)*
spane	*speôn*	*speônon*	*spanen*
veaxe (vexe)	*vôx (veôx)*	*vôxon (veôxon)*	*veaxen*
veasce (väsce vaxe)	*vôsc (vôx)*	*vôscon (vôxon)*	*väscen*
sceace (scace)	*scôc (sceôc)*	*scôcon (sceôcon)*	*sceacen (scacen, scäcen)*
stande (stonde)	*stôd*	*stôdon*	*standen (stonden)*
slea	*slôh*	*slôgon*	*slägen slegen slagen*

Conj. IV: Der Wurzelvocal ist *i* mit den Steigerungen *ei (î)* und *ái*; die Ablautreihe ist folgende:

a. *Goth.*

ei	ái	i	i
greipa	*graip*	*gripum*	*gripans*

b. *Aags.*

î (ŷ)	â (eâ)	i (eo, io)	i
gripe	*grâp*	*gripon*	*gripen*
glide	*glâd*	*glidon*	*gliden*
rîde	*râd*	*ridon (riodon)*	*riden*
scîne (ŷ)	*scân (sceân)*	*scinon (scionon)*	*scinen*
bîde	*bâd*	*bidon (beodon)*	*biden*

Conj. V: Der Wurzelvocal ist *u*, gesteigert zu *iu* und *áu*, und neben *iu* gilt auch die Verdichtung *û*; die Ablautreihe ist folgende:

a. *Goth.*

iu (û)	áu	u	u
giuta	*gaut*	*gutum*	*gutans*
lûka	*lauk*	*lukum*	*lukans*

b. *Aags.*

eó (ió, ié) û	*eá (ê)*	*u*	*o*
geóte	*geát (gêt)*	*guton*	*goten*
ccóve	*ceáv*	*cuvon*	*coven*
sceóte	*sceát (scêt)*	*scuton*	*scoten*
brûce	*breác*	*brucon*	*broken*
bûge	*beág (beáh)*	*bugon*	*bugen*

3) Abgesehen von den etwaigen Umlauten, welche von den Flexionsendungen abhängen, gilt der *Laut des Præsens* nicht bloss im Ind. und Conj. des Præsens, sondern auch im Imperativ, im Infinitiv und im Part. Præsens: Diese Formen nennt man daher auch mit dem gemeinsamen Namen *präsentische Formen*. Der erste *Ablaut des Præt.* gilt im Ags. nur für Ind. sg. 1. 3., nicht aber, wie im Gothischen, auch für Ind. sg. 2., wo vielmehr ebenso wie im Abd. und Andd. der Ablaut des Plurals gilt. Der *zweite Ablaut des Præt.* gilt also nicht bloss für Ind. pl. und Conj., sondern auch für Ind. sg. 2. des Präteritums. Das *Part. Præt.* endlich steht hinsichtlich des Ablauts für sich allein.

4) Einige Verba schwanken bereits im *Aags.* zwischen verschiedenen Conjugationen. Zwischen Conj. IV und V schwanken folgende:

tihe tâh tigon tigen (= goth. *teihan*) *teó* (st. teóhe) *teáh tugon togen* (nicht zu verwechseln mit dem gleichlautenden *teón* = g. *tiuhan* ziehen).
þihe þáh þigon þigen (=goth. *þeihan*) *þeó* (st. þeóhe) *þeáh þugon þogen*
wrihe vráh vrigon vrigen   *vreó* (st. vreóhe) *vreáh vrugon vrogen*

und daran reiht sich noch *seón* stat *sihan* colare. Dieses Schwanken ist jedenfalls dadurch veranlasst, dass das Præt. *teáh þeáh vreáh* statt *táh þáh vráh* behandelt wurde als *teáh þeáh vreáh*, und dem schlossen sich dann die übrigen Formen nach Conj. V an, als sei der ursprüngliche Wurzelvocal nicht *i*, sondern *u*.

5) Ein ähnliches Schwanken zwischen Conj. I — II besteht im Aags. bei folgendem Verbum:

felge fealh (fealg) fulgon folgen
feole (fële) fäl fælon (fêlon) feolen (I) und *folen* } = g. *filhan*.

Ferner zwischen Conj. II und I Part. *bregden* (I) und *brogden* (II) von *brëgdan* in Conj. II, und zwischen Conj. III und V Præs. *þreâ* (statt *þveahe*) Præt. *þvôh* Part. *þvögen þvegen* (III) und *þvogen* (V).

2) Starke Conjugation mit contrahiertem Præt.
(im Goth. reduplicierend).

1) Eine zweite Classe starker Verba dagegen mit dem ursprünglichen Wurzelvocal *a* *â* (goth. *ê*), *ô*, *ai* oder *au* entwickelte im Allgemeinen keinen Ablaut, sondern bewahrte im Präteritum die alte Reduplication, und der Vocal der Reduplicationssilbe ist wenigstens zur Zeit des Ulfila im Gothischen stets der Diphthong *ái* z. B.

goth. *halda haihald, slêpa saislêp* (st. * *slaislêp*), *stauta staistaut*.

Nur die Verba mit dem Wurzelvocal *â* (goth. *ê*) entwickelten zum Teil neben der Reduplication eine Art Ablaut, indem sie im Præt. das *â* zu *ô* werden liessen, z. B.

goth. *lêtan lailôt, rêdan rairôd*.

Dies Verhältnis ist aber als ein jüngeres aufzufassen, da es erst zu einer Zeit eintrat, wo die Scheidung in ablautende und reduplicierende Conjugationen sich bereits festgesetzt hatte, weshalb es auch keineswegs in allen deutschen Sprachen gleichmässig eingetreten zu sein scheint.

2) Die Reduplication des Præt. liegt indes nur im Gothischen noch vollständig vor; in den übrigen deutschen Sprachen, deren älteste Denkmäler mehrere Jahrhunderte jünger sind als die Gothischen, ist die Reduplicationssilbe mit der Wurzelsilbe durch Contraction zu *einer* Silbe verschmolzen: so auch im Angelsächsischen. Es haben sich aber im Aags. wie im Ahd. noch einzelne Übergangsformen erhalten, welche uns deutlich den Weg erkennen lassen, auf dem wenigstens in diesen beiden Sprachen die contrahierten Formen entstanden sind. Im Ags. sind dies folgende:

hâtan (g. haitan) Præt. *hêht* (g. haihait), später *hêt*.
lâcan (g. laikan)   „   *leôlc* (g. lailaik), später *lêc*.
rædan (g. rêdan)   „   *riôrd reôrd* (g. rairôd), später *rêd*.
drædan fürchten   „   *dreôrd* (Anordh. *dreârd*) sp. *rêd*.
lætan (g. lêtan)   „   *leôrt* (g. lailôt), später *lêt*.

Während im Ahd. einfach der eigentliche Wurzelvocal sich verflüchtigte und dann beide Silben verschmolzen, fand im Ags. wenigstens bei den Verbis mit einfachem Wurzelauslaut zunächst Metathesis und dann erst Verflüchtigung des Wurzelanlauts statt. Hinsichtlich des Vocals der Reduplicationssilbe *a* scheint das Aags. in einem wesentlichen Gegensatz zum Gothischen gestanden zu haben: in sämmtlichen deutschen Sprachen hatte sich das ursprüngliche *a* der Reduplicationssilbe, bevor der Haupton sich auf diese zurückzog, allmälich zu *i* geschwächt; nach jenem

Betonungswechsel aber steigerte sich im Gothischen unter Einfluss des Accents dies *i* zu *ai*, während es im Aags. auch nachher sich ungesteigert erhalten zu haben scheint. Nach diesen allgemeinen Bemerkungen wird sich nun die Entstehung jener ags. Übergangsformen und ihre spätere Weiterbildung am einfachsten in folgender Weise erklären lassen:

rædan [*riråd riròd*] *riôrd reôrd* [reòd] *rêd*.
lætan [*lilåt lilòt liòlt liôrt*] *leôrt* [leòt] *lêt*.
drædan [*dridråd dridrôd drivôd driôrd*] *dreôrd* [dreòd]
 drêd Altnordh. [*dridråd driråd driård*] *dreârd*.
lâcan [lilâc liâlc liòlc] *leólc* [leôc] *lêc*.
hátan (*hihåt hiåht heâht*] *hêht hêt*.

In ähnlicher Weise wird auch bei den übrigen Verbis mit einfachem Wurzelauslaut der Hergang gewesen sein, wenn sich auch keine Übergangsformen erhalten haben, so:

scadan [sci-scaid sci-scåd scisåd sciård sciôrd] *sciôd sceôd*
 scêd.
hrôpan [hrihròp hriròp hriórp] *hriôp hreôp*.

Bei den Wurzeln mit zwei Schlussconsonanten dagegen, von denen sich keine Zwischenformen der angegebenen Art erhalten haben, entstanden bei der Metathesis des Wurzelanlauts unerträgliche Consonantenverbindungen und es trat daher statt der Metathesis bloss Verlängerung des Wurzelvocals ein, z. B.

haldan [*hihald hiåld*] *hiôld heôld hêld*
gangan [*gigang giång*] *giông geông gêng*
feallan [*fifall fiåll*] Nordh. *feåll* und Aags. *feôll fell*.

Statt der Schreibung *iô*, *eô*, welche der angegebenen Entstehungsweise entspricht, wird gewöhnlich *ió*, *eó* wie bei dem Vertreter des Diphthonges *iu* geschrieben. Im weiteren Verlauf freilich galten dem Sprachgefühl die Laute *iô* und *ió*, *eô* und *eó* als gleichbedeutend und so erklärt es sich, dass neben *giông* auch die Form *gieng* vorkommt, ganz wie *ie* als Vertreter des Diphthongen *ió*, *eó* gilt.

3) Nach der Beschaffenheit des Wurzelvocals unterscheidet man fünf starke Conjugationen mit contrahiertem Präteritum; bei der Aufzählung braucht man den Plur. des Præt. nicht mit aufzuführen, da er sich in Bezug auf die Gestaltung der ersten Silbe nicht vom sg. unterscheidet. Folgendes sind die fünf Conjugationen.

Conj. VI: Der Wurzelvocal ist *a* und der Wurzelauslaut doppelte Liquida oder Liquida mit folgender Muta:

a (o), ea	*iô (eô, íe, ê)*	*a (o), ea*
healde (halde)	heôld	healden (halden)
fealle (falle)	feôll (fêll)	feallen
gange (gonge)	giông (geông gíeng gêng)	gangen (gongen)
spanne (sponne)	speônn spênn	spannen (sponnen)

Conj. VII: Der Wurzelvocal ist *â* (goth. *ê*, Aags. *æ* oder *â*, letzteres vor *v*):

æ, â	*ê; eô (iô)* vor *v*	*æ, â*
slæpe (â, ê)	slêp	slæpen (goth. *slêpa saislêp*)
læte	lêt	læten (goth. *lêta lailôt*)
blâve	bleôv (bliôv)	blâven
sâve	seôv (siôv)	sâven

Zu dieser Conjugation gehören die schon besprochenen Übergangsformen des Præteritums *leôrt = lêt* von *lætan*, $\left.\begin{array}{c} reôrd \\ riôrd \end{array}\right\} = rêd$ von *rædan* und *dreôrd* (Nordh. *dreârd*) von *drædan*.

Conj. VIII: Der Wurzelvocal ist *ô* wie im Gothischen:

ô	*eô (iô)*	*ô*
hrôpe	hreôp hriôp	hrôpen
flôve	fleôv	flôwen

Conj. IX: Der Wurzelvocal ist *ái* (Aags. *â*):

â (eá)	*ê, eô (iô)*	*â (eá)*
hâte	hêt	hâten
scâde (sceáde)	sceód (sciód) scêd	scâden (sceáden)

Zu dieser Conjugation gehören die Übergangsformen *hêht = hêt* von *hâtan* und *leôlc = lêc* von *lâcan*.

Conj. X: Der Wurzelvocal ist *au* (Aags. *eá*):

eá	*eô, iô*	*eá*
hleápe	hleôp hliôp	hleápen
heáve	heôv hiôv	heáven

3) Flexion der starken Conjugation.

1) Was die *Flexionsendungen* betrifft, so sind bereits im Aags. im Plural des Præsens und des Præteritums ebenso wie im Alts. die For-

men der ersten und zweiten Person durch die Form der dritten Person völlig verdrängt und die letztere gilt zugleich auch für die beiden ersten Personen, sodass also alle drei Personen des Plurals einander gleichlauten; demgemäss ist nun auch im Imp. plur. die Form der zweiten Person, die in den übrigen deutschen Sprachen der pl. 2. des Præs. Ind. gleichlautet, der ursprünglichen pl. 3. des Præs. Ind. gleich geworden.

Eine ähnliche Formausgleichung, die jedoch mehr auf Abschwächung der Endungen beruht, gilt aber im Aags. auch für den Sing. des Conjunctivs im Præs. und Præt.

2) Die *Flexionsendungen* der starken Conjugation nach ihrer Verschmelzung mit dem Stammvocal sind im *Aags.* im Allgemeinen folgende:

Præs. Ind. sg. 1. -*e* (goth. -*a*); 2. -*est*, -*st* (g. -*is*); 3. -*ed*, -*d* (g. -*iþ*); pl. 1 — 3. -*âd*, -*ad* (g. 3. -*and*).
Conj. sing. 1 — 3. -*e* (g. 3. -*ai*); pl. 1 — 3. -*an* oder -*en*, -*e* (g. 3. -*aina*).
Præt. Ind. sg. 1. 3. ÷; 2. -*e* (ahd. -*i*, goth. -*t*); pl. 1—3. -*on*, *un* oder -*an* (goth. 3. -*un*).
Conj. sg. 1—3. -*e* (g. 3. -*i*); pl. 1—3. -*en* oder -*an* (g. 3. -*eina*).
Imper. sg. 2. ÷; pl. 2. -*âd*, -*ad*.
Inf. -*an*, zuw. -*on* (g. -*an*); Part. Præs. -*ende* (g. -*ands*); Part. Præt. -*en* (g. -*ans*).

z. B.

Præs. Ind. sg. 1. *bringe*; 2. *bringest* (*bringst*); 3. *bringed* (*bringd*); pl. 1—3. *bringâd* (-*ad*).
Conj. sg. 1—3. *bringe*; pl. 1—3. *bringen* (-*an*, -*e*).
Præt. Ind. sg. 1. 3. *brang*; 2. *brunge*; pl. 1—3. *brungon* (-*un*, -*an*).
Conj. sg. 1—3. *brunge*; pl. 1—3. *brungen* (-*an*).
Inf. *bringan*; Part. Præs. *bringende*; Imper. sg. 2. *bring*; pl. 2. *bringâd* (-*ad*).
Part. Præt. *brungen*.

Das -*t* in Præs. Ind. sg. 2, welches im Gothischen (-*is*) noch nicht angetreten war, ist das angeschleifte Pronomen *þu* und die eigentliche Endung war vor dieser Anschleifung blosses -*es*. Dies bestätigt sich durch die gleichfalls vorkommende Zwischenformen wie *scealtu* für *scealtu* = *scealt þu*, *hafastu* = *hafas þu*, ja es findet sich zuweilen auch noch geradezu -*sd* für -*st* geschrieben, z. B. Jul. 53 *hætsd* = *hætes þu*.

Im Plur. des Præs. Ind. und des Imperativs tritt häufig statt der Endung -*ađ* (-*ad*) die Endung -*e* ein, wenn das persönliche Pronomen als Subject unmittelbar darauf folgt, z. B.
bringe ve statt *bringad ve; bringe ge* statt *bringad ge*.
Die Flexion der Verba in Conj. VI — IX ist ganz dieselbe wie in Conj. I — V, z. B.
hrôpe hrôpest hrôped, pl. *hrôpađ;* Conj. *hrôpe*, pl. *hrôpen* (-*an*).
hreóp, 2. *hreópe*, pl. *hreópon* (-*un*); Conj. *hreópe*, pl. *hreópen* etc.
Im Anordhumbr. hat sich im Durham Book zum Teil noch das ursprüngliche *m* im Præs. Ind. sg. 1 erhalten (*ic geseam, geseam*), während dort sonst die gewöhnliche Endung -*o* ist (*ic cvedo*); und ebendaselbst ist im Præs. Ind. sg. 3 und pl. das *đ* bereits häufig zu *s* geworden (sg. 3. -*es*, pl. -*as*, -*es* neben -*ad, ed*).

3) Im *Aags*. sind zwar in den uns erhaltenen Quellen bereits zum grossen Teil die ursprünglichen Vocale der Flexionsendungen zu blossem *e* abgeschwächt; noch ehe aber diese Abschwächung eintrat, hat sich durch den Einfluss der Flexionsendungen in den betreffenden Formen wenigstens zum Teil *Umlaut* des Vocals der Wurzelsilbe entwickelt und dieser bleibt dann natürlich auch nach erfolgter Abschwächung der Endungen.

4) *Umlaut des i durch folgendes a* findet im *Aags*. ausser vor *m* und vor *n* und ausser den übrigen bei den Vocalen bereits erwähnten Ausnahmen statt in Conj. I — II und zwar im Præs. Ind. sg. 1 und plur., im Præs. Conj., im Imp. pl. und im Part. Præs., sowie ausserdem auch im Part. Præt. der Conj. I, nicht aber im Part. Præt. der Conj. IV; z. B.

Ind. sg. 1. *lëse, vëfe, hëlpe, bërste*, aber *gife, nime, binde*.
Ind. pl. und Imp. pl. *lësad, vëfad, hëlpad, bërstad*, aber *gifad, nimad, bindad*.
Conj. *lëse, vëfe, hëlpe, bërste*, aber *gife, nime, binde*.
Inf. *lësan, vëfan, hëlpan, bërstan*, aber *gifan, niman, bindan*.
Part. præs. *lësende, hëlpende, gifende, nimende* etc.
Part. Præt. Conj. I: *lësen, vëfen, gifen*; dagegen Conj. IV: *biden, risen*.

Aber auch im Præs. Ind. sg. 2. 3. der Conj. I — II, obgleich hier die Endung nicht *a* sondern *i* enthält, ist unregelmässig der Umlaut aus der ersten Person eingedrungen, also *hëlpest hëlped, vëfest vëfed*, während in den synkopierten Formen auf blosses -*st*, -*d* das *i* geblieben ist (*vifst vifd, hilpst hilpd*). Ebenso ist der Umlaut unregelmässig auch

4 *

in den Imper. sg. der Conj. I — II eingedrungen trotz dem gänzlichen Mangel aller Endungen (*vëf, hëlp*).

5) *Umlaut des u durch folgendes a* findet im *Aags*. statt im Part. Præt. der Conj. I^b, II und V, ausser vor *m* und *n*:

stolen, holpen, vorpen, goten, aber *numen, bunden*.

Bei *urnen, burnen* (= gerannt, gebrannt) ist dieser Umlaut unterblieben, weil dies erst jüngere Umstellungen aus *runnen, brunnen* sind.

6) *Umlaut durch folgendes i* findet im *Aags*. statt im Præs. Ind. sg. 2—3 der Conj. III, V und VI — X, aber in der Regel nur bei den syncopierten Formen auf blosses *-st, -d*, unterbleibt dagegen in der Regel bei den nicht syncopierten Formen auf *-est -ed;* z. B.

Conj. III: *stande, standest* und *stentst, standed* und *stent*.

sleâ, slehst (slyhst), slehd (slyhd).

Zuweilen tritt hier der Umlaut auch in nicht syncopierten Formen auf, z. B. *veaxe veaxest* und *vexest*. Häufig dagegen ist in dieser Conjugation in sg. 2 — 3 die Trübung *ä* eingetreten und es gilt dann daneben kein *e*, z. B.

fare, färest (farest) färst, färed (fared) färd.

Conj. V: *geóte, geótest gŷtst, geóted gŷt; brûce, brûcest brŷcst, brûced brŷcd; creópe, creópest* (und *crŷpest*) *crŷpst, creóped (crŷped) crŷpd*.

Conj. VI — X: *fealle, feallest felst, fealled feld; healde, healded hylt, healdest hylst; vâve, vâvest (vævest) vævst, vâved (væved) vævd; hâte, hâtest hætst, hâted hæt; hrôpe, hrôpest hrêpst, hrôped hrêpd; hleápe, hleápest hlŷpst, hleáped hlŷpd*. Die Verba in Conj. VIII mit *v* lassen in den syncopierten Formen statt des Umlauts *ê* zum Teil auch *eô* eintreten, z. B. *flôve, flôvest flêvst fleôvst, flôved flêvd fleôvd*.

An die genannnten Fälle des Umlauts durch folgendes *i* reiht sich noch aus Conj. I das aus *cviman* entstandene Verbum *cuman*, welches im Præs. Ind. sg. 2. 3. durchweg den Umlaut *y* zeigt, einerlei ob Syncope eingetreten ist oder nicht:

cume, cymest cymst, cymed cymd.

Im Præs. Conj. tritt der Umlaut durch *i* nur bei *cuman* ein und auch hier nicht constant:

cyme pl. *cymen*, neben *cume* pl. *cumen*.

Im Præt. Ind. sg. 2 und im Præt. Conj. unterbleibt der Umlaut durch folgendes *i*, z. B. *vurpe, fôre, cure;* in Conj. I (*bæde, bæden*) ist daher das *æ* wol nicht als Umlaut, sondern als Trübung des *â* aufzufassen, da es ja auch im Ind. pl. erscheint (*bædon*).

7) Stossen im Præs. Ind. sg. 2. 3. durch Syncope des *e* das *st* und *d* unmittelbar an dentalen Wurzelauslaut, so treten im Ags. folgende **Consonantenveränderungen** ein:

a. Vor dem *st* der sg. 2 bleibt *t*, aber *d* und *đ* fallen aus, und nur wenn vor dem *d* noch ein *n* steht, verwandelt sich *d* in *t*, z. B.

ongitan ongitst, geótan gŷtst, lætan lætst, ridan rist, rædan ræst, cvëdan cvist, standan stentst.

Auch *s* und *st* fallen vor dem *st* der Endung aus:

ceósan cŷst, bërstan birst, lësan list.

b. Das *d* der sg. 3 selber fällt ab nach *t*, *d* und *đ*, welches letztere sich dann in *t* verwandelt:

ongitan ongit, lætan læt, bërstan birst, cvëdan cvid, rîdan rit, rædan ræt.

Nach *s* dagegen wird das *d* der Endung zu *t*:

ceósan cŷst, lësan list.

c. Wurzelauslautendes *g* wandelt sich vor dem *st, đ* der genannten Formen in *h:*

stige stihst stihđ, leóge lŷhst lŷhđ.

8) Besondere Erwähnung endlich verdient noch die Flexion der Ags. Verba *gân, fôn, hôn*. Die Verba *fôn, hôn* lauten im Goth. *fâhan faifâh, hâhan haihâh* und folgen dort ganz der Conj. VII; sie sind entstanden aus *fañhan, hañhan*. Im Ags. sind sie in den präsentischen Formen und zum Teil auch im Part. Præt. einfach contrahiert, bewahren aber in manchen Formen auch das *h;* im Præt. dagegen und zum Teil auch im Part. Præt. ist das nasale *n* geblieben und das *h* verwandelte sich in Folge dessen in *g*, sodass sie also in diesen Formen in Conj. VI übergetreten sind. Ihre vollständige Flexion ist folgende:

Præs. Ind. sg. 1. *fô* | 2. *fêhst* (*fêst*) | 3. *fêhđ* (*fêđ*) | pl. *fôđ*.
               hô | *hêhst* (*hêst*) | *hêhđ* (*hêđ*) | *hôđ*.

Conj. sg. *fô* (*fôe*); pl. *fôn* (*fôen*).

Imp. sg. *fôh* (*fô*) | pl. *fôđ* | Inf. *fôn*.
        hôh (*hô*) | *hôđ* | *hôn*.

Præt. *fêng* | Part. Præt. *fangen* (*fongen*) und *gefôen fên, bifên*
                     (mit unregelmässigem Umlaut) = goth.
                 fâhans.
    hêng | *hangen* (*hongen*).

Ähnlich verhält sich auch das Verbum *gân*, nur dass es sein *â* nicht in *ô* übergehen liess, und dass sich daneben auch ein vollständiges Verbum nach Conj. VI entwickelt hat, nemlich *gangan gêng gangen*; die Flexion von *gân* ist:

Præs. Ind. sg. 1. *gâ*, 2. *gæst*, 3. *gæd*; pl. *gâd*.
Conj. *gâ* pl. *gân*; Inf. *gân*; Imp. *gâ* pl. *gâd*; Part. Præt. *gân*.

B. Schwache Conjugation.

Auch im Ags. bilden die an den Verbalstamm angehängten verstümmelten und abgeschliffenen Formen vom Præt. des Hilfsverbums *thun* die Endungen des Præteritums. Diese sog. Endungen des Präteritums sind:

	sg. 1-3.	sg. 2.	pl.	conj. sg.	conj. pl.
Goth.	*-da*	*-dôs*	3. *-dêdun*	3. *-dêdi*	3. *-dêdeina*
Aags.	*-de*	*-des, -dest* *)	1-3: *-don (-dun)*	1-3. *-de*	1-3. *-den*.

Das Part. Præt. wird nicht wie in der starken Conjugation durch das Suffix *na-*, sondern durch Anhängung des Suffix *ta-* (goth. *-þ*, Ags. *-d*) an den Verbalstamm gebildet. Die eigentlichen Flexionsendungen der präsentischen Formen aber sind ursprünglich dieselben wie in der starken Conjugation.

1. schwache Conjugation.

Der ursprüngliche Ausgang des Verbalstamms war bei den Verbis dieser Conjugation *aja-*, das aber schon frühzeitig fast durchgängig zu blossem *-ja* wurde. Nur im Præs. Ind. sg. 2. 3 blieb *aja-* und verdichtete sich zunächst zu *ei*, *î*, und dieses schwächte sich dann zu *e* oder ward zum Teil auch ganz ausgestossen. In den übrigen präsentischen Formen dagegen blieb entweder *ja-* oder seine Schwächung *je-* oder fiel auch noch das *j* aus, wie wir sogleich sehen werden. Im Præt. und Part. Præt. endlich verflüchtigte sich das *-ja*, zu blossem *i* und dieses schwächte sich zu *e* oder fiel aus. Dass die Verba dieser Conjugation in der Regel Umlaut der Wurzelsilbe zeigen, soweit überhaupt deren Vocal des Umlauts durch *i* fähig ist, versteht sich von selbst. Bei der weiteren Betrachtung dieser Conjugation aber, wie sie im Aags. vorliegt, unterscheiden wir zu besserer Übersichtlichkeit die kurzsilbigen Verba von den langsilbigen.

---

*) d. h. mit angeschliffftem *þ u*.

a. Kurzsilbige Verba der ersten schwachen Conjugation.

1) Die kurzsilbigen Verba der ersten schwachen Conjugation haben im Aags. mit Ausnahme des eben besprochenen Præs. Ind. sg. 2. 3. das *j* als solches im Præsens, Inf., Part. Præs. und Imp. pl. bewahrt und zwar in der Regel *i* geschrieben; im Imp. sg. dagegen, wo es wegen der Flexionslosigkeit in den Auslaut trat, wurde es zu *i* vocalisiert und dies schwächt sich dann zu *e*. Im Præt. wird bei diesen Verbis im Allgemeinen das *e* nicht ausgestossen. Die Flexion der kurzsilbigen Verba ist daher zunächst folgende:

Præs. Ind. sg. 1. *nerie*, 2. *nerest*, 3. *nered*; pl. *neriad*.
Conj. sg. 1-3. *nerie*; pl. 1-3. *nerien*.
Imp. sg. 2. *nere*; pl. 2. *neriâd*; Inf. *nerian*; Part. Præs. *neriende*.
Præt. Ind. sg. 1. 3. *nerede*, 2. *neredes neredest*; pl. *neredon* (*-dun*).
Conj. sg. 1-3. *nerede*; pl. 1-3. *nereden*.

Nach *r* wird statt *j* (*i*) häufig auch *g* geschrieben:
Præs. Ind. sg. 1. *nerge*; pl. *nergâd*; Conj. *nerge* pl. *nergen*.
Imp. pl. *nergâd*; Inf. *nergan*; Part. Præs. *nergende*.

Noch häufiger aber findet sich namentlich nach *r* auch *ig*, *ige* statt *j* geschrieben:
Præs. Ind. sg. 1. *nerige*, pl. *nerigâd nerigeâd*; Conj. *nerige* pl. *nerigen*.
Imp. pl. *nerigâd nerigeâd*; Inf. *nerigan nerigean*; Part. Præs. *nerigende*.

In diesem *ig*, *ige* werden wir wol kaum eine blosse graphische Vertretung des *j*, sondern vielmehr einen Überrest des ursprünglichen vollständigen Stammesausgangs *aja-* zu statuieren haben, indem hier das erste *a* nicht wie sonst ausfiel, sondern sich einfach zu *i* schwächte.

2) Häufig assimiliert sich *j* dem vorhergehenden Consonanten und es entsteht Gemination; diese Gemination erscheint aber dann natürlich von Rechtswegen nur in denjenigen Formen, in denen sich nach dem vorher Gesagten das *j* überhaupt als solches erhalten hat, z. B.

Præs. Ind. sg. 1. *fremme*, 2. *fremes* (*-est*), 3. *fremed*; pl. *fremmâd*.
Conj. sg. *fremme* pl. *fremmen*; Imp. sg. *freme*, pl. *fremmâd*;
Inf. *fremman*; Part. Præs. *fremmende*.
Præt. *fremede*; Part. Præt. *fremed*.

In vielen Fällen jedoch wird diese erst innerhalb des Verbums entstandene Gemination als ursprüngliche behandelt, d. h. als gehörte sie bereits dem zu Grunde liegenden Nomen an, und die betreffenden Formen schlossen sich dann der Analogie der langsilbigen an, wie wir bei diesen sehen werden.

b. Die langsilbigen Verba der ersten schwachen Conjugation.

1) In denjenigen präsentischen Formen, wo die kurzsilbigen das *j* entweder als *i* (*g*) behielten oder dem vorhergehenden Consonanten assimilierten, werfen es die langsilbigen aus, z. B.
Præs. Ind. sg. 1. *dême* pl. *dêmâd*; Inf. *dêman*.
Bei einigen hat sich jedoch vor einem folgenden *a* zum Teil das *j* vocalisiert und ist zu *e* geworden, z. B.
sêcean sêceâd, þencean neben *sêcan sêcâd, þencâd.*
Ebenso wird im Præt. und in den flectierten Formen des Part. Præt. das *e* ausgestossen sowie zum Teil auch in Præs. Ind. sg. 2. 3, und auch der Imp. sg. wirft sein *e* ab. Die Flexion ist also z. B. von *dêman* = g. *dômjan* folgende:
Præs. Ind. sg. 1. *dême*, 2. *dêmest dêmst*, 3. *dêmed dêmd;* pl. *dêmâd.*
Conj. sg. *dême*, pl. *dêmen;* Imp. *dêm* pl. *dêmâd;* Inf. *dêman;* Part. Præs. *dêmende.*
Præt. *dêmde;* Part. Præt. *dêmed* (pl. *dêmde*).

2) In Folge der genannten Syncope treten im *Præs. Ind.* sg. 2. 3. bei dentalem Wurzelauslaut dieselben Consonantenveränderunge ein wie bei den starken Verbis, z. B.
2. *sendest sentst*, 3. *sended sent;* 2. *lŷsest lŷst*, 3. *lŷsed lŷst;*
3. *læded læt.*

3) Im Præt. sowie in den syncopierten Formen des Part. Præt. bleibt das *d* der Endung ungeändert, wenn *f*, *d*, einfache Liquida oder einfache Media oder *v* oder einfaches *s* vorausgeht, z. B.
drêfan drêfde, cŷdan cŷdde (aber häufig auch *cŷdde*), *hælan hælde, lædan lædde, hnægan hnægde, snivan snîvde, lŷsan lŷsde.*
Endigt die Wurzelsilbe auf *d* mit vorhergehender Liquida, so fällt dies *d* vor dem *d* der Endung aus, und ebenso wird *mn* zu *m*, z. B.
sendan sende, scildan scilde, gyrdan gyrde, nemnan nemde.
Dagegen verwandelt sich das *d* der Endung in *t*, wenn *h*, *x* oder einfache Tenuis vorausgeht, z. B.
grêtan grêtte, ræpanræpte, lixan lixte.
und einfaches *c* wird dann vor diesem *t* zu *h*, z. B.
ŷcan ŷhte, tæcan tæhte,
während *nc* und *sc* das folgende *d* gleichfalls in *t* verwandeln, selbst aber in der Regel ungeändert bleiben, z. B.
sencan sencte, vŷscan vŷscte.

Die Verba *þencan*, *þyncan* und *brengan* aber verwandeln das *c*, *g* in *h* mit Ausfall des *n* und Verlängerung des vorhergehenden Vocals, und auch *rcd* wird *rht*:

þencan þôhte, *þyncan þûhte*, *brengan brôhte*, *vyrcan vorhte*.

Endigt die Wurzelsilbe auf *t* mit vorhergehendem Consonanten, so fällt das *d* der Endung aus, z. B.

häftan häfte, *rihtan rihte*, *restan reste*.

Zu bemerken ist übrigens noch, dass einige Verba zum Teil auch das unflectierte Part. Præt. syncopieren, z. B.

sendan Part. *sended sent*; *häftan* Part. *häfted häft*.

4) War die syncopierte Form im Præt. und Part. Præt. bereits vorhanden, als der Umlaut durch folgendes *i* erst in der Sprache zu wirken begann, so unterblieb natürlich der Umlaut, und *â* verwandelte sich dabei in *ô*, z. B.

þencan þôhte (g. *þâhta*) Part. *þôht*; *þyncan þûhte* (g. *þûhta*) Part. *þûht*.

brengan brôhte (g. *brâhta*) Part. *brôht*; *vyrcan* Præt. *vorhte* Part. *vorht*.

sêcan (g. *sôkjan*) Præt. *sôhte* Part. *sôht*.

5) Gemination des Wurzelauslautes rührt zum Teil schon von dem zu Grunde liegenden Nomen her, und solche Verba wurden natürlich als langsilbige behandelt, d. h. in dem Præt. und in den flectierten Formen des Part. Præt. werfen sie das *e* aus und vereinfachen alsdann wegen des folgenden Consonanten die Gemination; ebenso werfen sie im Imp. sg. das *e* ab und vereinfachen in der Regel die auslautende Gemination; in den nicht syncopierten Formen von Præs. sg. 2. 3. dagegen bleibt hier überall die Gemination bestehen; z. B.

fellan (*fyllan*) fällen: Præt. *felde* (*fylde*) und *fealde*; Part. Præt. *fylled* (pl. *fylde*).

fyllan füllen: Præs. sg. 2.*fyllest*, 3. *fylled*; Præt. *fylde*; Part. *fylled* (pl. *fylde*).

stellan (von *steall*): Præs. 3. *stelled*; Præt. *stealde* (*stalde*).

cerran cyrran (von *cyrr*): Præs. *cyrred cerred*; Præt. *cyrde cerde*; Part. *cyrred cerred* (pl. *cerde*); Imp. *cyr cer*.

cyssan (von *coss*): Præt. 2. *cyssest cyst*, 3. *cyssed* und *cyst*; Præt. *cyste*.

Wo die syncopierten Formen Umlaut zeigen, ist dies ein Beweis, dass alsdann die Syncope erst später eingetreten ist, nachdem der Umlaut bereits ausgebildet war; so stammt z. B. *fealde* aus der Zeit vor dem Umlaut, während *felde fylde* erst später aus *fellede fyllede* syncopirt ist.

6) Aber auch die ursprünglich kurzsilbigen Verba, bei denen die Gemination erst innerhalb des Verbums durch Assimilation des *j* entstanden ist, schlossen sich zum Teil der Analogie der ebengenannten an. Die Gemination drang demgemäss auch im Præs. Ind. 2. 3. ein, z. B. *recest* und *reccest*, *veced* und *vecced*, *secged* und *segcd*.

und neben den Formen auf -*est*, -*ed* finden sich zum Teil auch syncopierte Formen, die bei einigen Verbis sogar zum ausschliesslichen Gebrauche gelangten, z. B.

lecgan: *legest lecgest legst*, *leged lecged legd*. *cveccan*: *cvecd*; *reccan*: *reced recced recd*; *habban*: *häfst häfd*. *settan*: *setest setst*, *seted set* (*sett*).

Häufiger sind die syncopierten Formen im Præt. und Part. Præt., wo sie teils ausschliesslich, teils neben den regelrechten nicht syncopierten Formen im Gebrauch sind, und die syncopierten Formen zeigen auch hier bald Umlaut bald nicht; z. B.

vecgan (g. *vagjan*): Præt. *vegde* und *vegede*; Part. *reged* (pl. *vegede*).

lecgan (g. *lagjan*): Præt. *legde* (*lêde*) und *lägde*; Part. *legd*.

secgan: Præt. *sägde* (*sæde*) und *segde*; Part. *segd sägd sæd*.

hycgan (g. hugjan): Præt. *hogde*; Part. *hogd*.

bycgan (g. bugjan): Præt. *bohte*; Part. *boht*.

veccan: Præt. *vehte* und *veahte*; Part. *veaht*.

þryccan: Præt. *þrycte* und *þryhte*; Part. *þrycced*.

settan (g. satjan): Præt. *sette*; Part. *seted* und *set* (*sett*).

habban: Præt. *häfde*; Part. *häfd*.

fremman: Præt. *fremde* neben *fremede*.

tellan: Præt. *tealde* und *telede*; Part. *teald* und *teled*.

Aber auch in den präsentischen Formen unterbleibt hier zuweilen der sonst in dieser Conjugation herschende Umlaut, selbst da wo keine Syncope eintrat, z. B.

säcgan und *secgan*, *sägst* und *segst*; *habban* Præs. *häbbe*, *häfst häfd*, pl. *habbâd*.

Den Imp. sg. aber bilden die hier in Rede stehenden Verba stets regelrecht nach Art der kurzsilbigen auf *e*, z. B.

hyge, *sege*, *vece*, *sete* von *hycgan*, *secgan*, *veccan*, *settan*.

Bei einigen ist in den präsentischen Formen vor *a* neben der Gemination das *j* überflüssig noch einmal in der Gestalt von *e* hinzugetreten, z. B. *lecgan* und *lecgean*, *veccan* und *veccean*.

2. schwache Conjugation.

α. Präsentische Formen.

1) Die Flexionsendungen der präsentischen Formen waren in der 2. schwachen Conjugation ursprünglich dieselben wie in der starken und in der ersten schwachen. Der Stammesausgang aber war ursprünglich *âja-*, das sich zum Teil zu *ôji-* oder zu zweisilbigem *âi-* schwächte, und bei diesem letzteren fiel im Imp. sg. das in den Auslaut tretende *i* ab, z. B.
Inf. *skamâjan*, Imp. sg. *skamâ*,
Præs Ind. *skamâja*, *skamâjis*, *skamâjiþ*, pl. 3. *skamâjanþ* etc.
Reste dieser theoretisch angesetzten vollen Formen haben sich wie im Alts. Heliand, so auch zwar nicht im eigentlichen Aags., wol aber im Altnordh. Durhambook noch in ziemlicher Anzal erhalten, neben den gewöhnlicheren jüngeren Formen, z. B.

Præs. Ind. sg. 3. *fästnaagid*, *fästnâid*, *ágnâged*, Conj. *lufâige*, *rîxâge*
pl. *aldôgiâd*, *âgnâgiâd*, *bodâged*. | Inf. *vundrâige*, *rîxâge*
und so noch manche andere ähnliche.

2) Aus diesen vollen Grundformen haben sich aber im Aags. zwei nach wesentlich verschiedenen Seiten divergierende Formenreihen entwickelt. Einerseits erhielt sich nemlich das *â* und absorbierte die darauf folgenden Vocale bezw. das *j*, so dass contrahierte Formen entstanden wie z. B. im Andd., nur dass hier im Aags. *â* in den präsentischen Formen überall ungetrübt blieb und niemals zu *ô* wurde, z. B.
sg. 2. *sceamâs lufâs* (aus *skamâjis* etc.); sg. 3. *sceamâd*, *lufâd*
(aus *skamâjiþ*).
Andererseits aber erhielt sich in den präsentischen Formen [die alte Zweisilbigkeit der Endungen und das *â*, zunächst zu *a* verkürzt, schwächte sich in diesem Falle überall zu *i*: so entstand z. B. aus dem Ind. *lufâjan* (verkürzt *lufajan*) die Form *lufigan lufigean* und hieraus schliesslich durch Verflüchtigung des *ig* (= *ij*) zu blossem *i* (*j*) die am meisten zur Herschaft gelangte Form *lufian*.

Dies durch Schwächung aus ursprünglichem *âj* entstandene *ig* und *i* der zweiten schwachen Conjugation unterscheidet sich aber von dem aus ursprünglichem *aj* entstandenen der ersten schwachen Conjugation wesentlich dadurch, dass es nicht, wie dort fast durchgehends der Fall ist, Umlaut bewirkt; denn wo Umlaut bei einem Verbum der zweiten schwachen Conjugation vorliegt, ist er bereits in dem zu Grunde liegenden Nomen vorhanden, z. B.

lytlian von *lytel* (alts. *lutil*); *endian* von *ende* (alts. *endi*); *syngian synnigean* von *synnig* sündig etc.

3) Im Altnordhumbrischen sind nun jene beiden Entwickelungsreihen fast in sämtlichen präsentischen Formen neben einander eingetreten, wodurch eine bunte verwirrende Mannigfaltigkeit der Formen erwuchs. Das eigentliche Aags. dagegen hat sehr zum Vorteil der Präcision in jeder der präsentischen Formen nur je eine der beiden Entwickelungsreihen eintreten lassen: Die contrahierten Formen allein, und zwar stets, wie gesagt, mit ungetrübtem *â*, erscheinen nemlich im Ind. Præs. sg. 2. 3. und im Imp. sg., die geschwächten Formen mit *ig* oder *i* allein dagegen erscheinen in allen übrigen präsentischen Formen. Die im Aags. wirklich vorkommenden Formen der zweiten schwachen Conjugation sind daher folgende:

Præs. Ind. sg. 1. *lufige lufie*, 2. *lufâst*, 3. *lufâd;* pl. *lufigâd (lufigeâd)* und *lufiâd*.

Conj. sg. *lufige lufie;* pl. *lufigen lufien*.

Imp. sg. *lufâ*, pl. *lufigâd (lufigead) lufiâd;* Inf. *lufigan (lufigean) lufian*.

Part. Præs. *lufigende lufiende*.

Diesem Paradigma folgen ohne Unterschied alle Verba der zweiten schwachen Conjugation, einerlei ob sie langsilbig oder kurzsilbig sind, z. B. *losian, macian, leornian, folgian, lician, hungorian (hungrian), näglian* etc.

β. Das Præteritum und das Part. Præt.

Im Præteritum und im Part. Præt. wurde der Stammesausgang *âja-* zunächst zu zweisilbigem *âi-* und an diese Stammform trat dann zur Bildung des Præteritums das allmälich verstümmelte Præt. des Hilsverbums *tun*, sowie zur Bildung des Part. Præt. das Suffix *þa-* (*þ*) angehängt wurde wie in der ersten schwachen Conjugation, also zunächst Præt. *skamâida*, Part. Præt. *skamâiþ*.

Aber in den uns erhaltenen Quellen finden sich diese volleren Formen nicht mehr, sondern das *i* wurde auch hier ebenso wie in den contrahierten präsentischen Formen von dem *â* absorbiert; das *â* aber gieng in diesen Formen dann häufig auch zu *ô* über, während es sich in den contrahierten präsentischen Formen überall rein erhielt. Die aags. Formen des Præt. und des Part. Præt. sind daher folgende:

Præt. *lufâde lufôde;* Part. Præt. *lufâd lufôd.*

Übrigens ist zu bemerken, dass das *â* und *ô* in den contrahierten Formen sich allmälich zu *a* und *o* verkürzten, weshalb in späteren Quellen nicht bloss neben *o* auch die Schwächung *u* erscheint (z. B. *andsvarude* neben *andsvarode*), sondern zuletzt gegen Ende der Aags. Periode bereits die Schwächung zu *e* einzutreten beginnt. Zu welcher Zeit diese Kürzung eingetreten sei, lässt sich nicht mit Sicherheit bestimmen, und man unterlässt daher in den Ausgaben die Bezeichnung der Länge sowol im Præt. und Part. Præt. als auch in den contrahierten präsentischen Formen.

C. **Starke Præterita mit schwachem Præsens.**

1) Eine Anzal Verba aus der ersten, dritten und achten starken Conjugation bilden nur das Præt. und das Part. Præt. nach der starken, die präsentischen Formen dagegen nach der ersten schwachen Conjugation, d. h. sie haben ähnlich wie in der vierten Classe der Sanskritconjugation den einfachen Verbalstamm auf *a* durch *ja* erweitert.

2) Die einzelnen deutschen Sprachen weichen in der Behandlung dieser Verba zum Teil von einander ab, indem bald das Præsens gleichfalls stark, bald dagegen auch das Præt. schwach ist; ja innerhalb einer und derselben Sprache besteht mitunter Schwanken. Hieraus lässt sich mit ziemlicher Sicherheit schliessen, dass ursprünglich zwei Verba, ein starkes und ein schwaches, vollständig neben einander bestanden, die aber allmälich zum Teil beide defect wurden und sich nun gegenseitig ergänzten. Ein ähnliches Verhältnis bestand auch bei dem goth. Verbum *gaggan*, welches gerade umgekehrt das Præs. stark und das Præt. schwach (*gaggida*) bildete, während das Aags. in gleicher Bedeutung ein vollständiges schwaches Verbum *gengan gengde* und daneben sogar zwei vollständige starke Verba besitzt, nämlich ein ablautendes *geongan gang* und ein reduplicierendes *gangan geông*: hier haben wir also für einen früheren Stand der Sprache drei gleichbedeutende Verba anzusetzen nämlich *gingan, gang, gangan gaigang* und *gangjan gangida*. Doch kehren wir nun zurück zu den Verbis mit schwachem Præsens und starkem Præteritum. Im Ags. sind es folgende:

aus Conj. I. *biddan:* Præs. *bidde, bidest (biddest), bided* pl. *biddad;* Imp. *bide* pl. *biddad.* Præt. *bäd bædon,* Part. Præt. *bëden.* } g. *bidan* und *bidjan baþ.*

sittan: Præs. *sitte, sitest (sittest), sited (sitted, sit)* pl. *sittad;* Imp. sg. *site.* Præt. *sät sæton,* Part. *sëten.* } goth. *sitan sat.*

licgan, licgean: Præs. *licge, ligest, liged (licged* \
lid) pl. *licgad licgead;* Imp. *lige* pl. *licgad* etc. Part. \
Præs. *licgende;* Præt. *läg* pl. *lâgon lægon lêgon* \
(-*un*); Part. *lëgen.*   goth. *ligan* \
  lag.

þ*icgan* (-*ean*): Præs. sg. 3. *þiged* pl. *þicgead;* im Alts. und
Præt. {*þah þeah* / *þigede þigde*} pl. {*þêgun þægun* (-*on*) / *þigedon þigdon.*} Ahd. nur schwach.

fricgan fricgean: Imp. *frige*; Part. Præt. *gefrigen* und *gefrugen* (cf. *frignan frinan*).

aus Conj. III: *hlehhan hlihhan hlyhhan hlihan* lachen (goth. *hlahjan hlôh*):
Præs. sg. 3. *hlihhed hlyhhed* pl. *hlihhad.*
Part. Præs. *hlihhende* (*y*); Præt. *hlôh hlôg* pl. *hlôgon.*

hebban häbban heben (goth. *hafjan hôf*):
Præs. *hebbe* (*häbbe*), *hefest hefst, hefed hefd,* pl. *hebbad;* Imp. *hefe* pl. *hebbad.*
Præt. *hôf hôfun;* Part. *hafen häfen.*

sceppan scippan (*y, eo*) [= goth. *skapjan skôp*]:
Præs. *sceppe* (*i, y*), *sceppest* (*y*) etc.; Imp. *scype.*
Præt. *scôp sceôp;* Part. *sceapen* (*scepen*).

sceddan und *sceadan* (*g. skaþjan skôþ*); im Aags. bestehen hier zwei vollständige Verba neben einander, ein starkes und ein schwaches:
Inf. *sceddan* und *sceadan;* Præs. sg. *sceded* und *sceaded.*
Præt. *scedede* und *scôd* (statt *scôd*); Part. *sceded* und *sceaden.*

swerian (goth. *svaran svôr*); Aags. schwankt es im Præs. zwischen der 1. und 2. Conjugation:
Præs. Ind. sg. 1. *swerie sverge sverige;* 2. *sverest sverast,* 3. *svered (sverd) sverad;* pl. *sveriad* (-*igad,* -*igead*).
Conj. *sverie sverige;* Imp. *svere svera.*
Inf. *sverian* (-*gan,* -*igan,* -*igean*); Præt. *svôr* (selten *sverede*); Part. *svoren.*

steppan stäppan: Præs. *steppe steped* (*stepped stäpd*); Præt. *stôp.*

aus Conj. VIII: *vêpan* (g. *vôpian vôpida,* alts. *vôpian wiof*).
Præs. sg. *vêped* pl. *vêpad,* Imp. *vêp;* Præt. *veóp.*

Anm.: Umgekehrt findet sich im Aags. von *findan fand* häufig auch das schwache Præt. *funde* (ähnlich wie Ahd. *bigan* und *bigonda* von *biginnan*).

D. Das Præteritum *eode (ivi).*

1) Das goth. Præt. *iddja iddjês* pl. *iddjêdun* entstand durch Metathesis aus *idida idide͂s ididêdun*, dem Præt. eines ausserdem unbelegten schwachen Verbums *idjan* (gehen). Im Aags. dagegen fand nicht Metathesis, sondern Synkope statt: aus *idida* entstand zunächst durch Synkope *idda eodda*, worin aber dann statt *dd* einfaches *d* geschrieben wurde, ganz wie wir es bei den starken Verbis *bredan frinan* etc. aus *bregdan* etc. gesehen haben. Jenes Præt. lautet daher im Ags.

Ind. sg. 1. 3. *eode*, 2. *eodes eodest*, pl. *eodon.*
oder mit der Partikel *ge-*: *geeode* etc.

E. Præterito-Præsentia.

1) Die sog. *Præterito-Præsentia*, welche ein starkes Præt. zur Geltung eines Præsens erhoben und nun zu neuem Präsens ein neues Präteritum und Part. Præt. nach der ersten schwachen Conjugation, den neuen Inf. und das neue Part. Præs. dagegen nach der starken Conjugation mit dem Ablaut des Plurals bildeten, sind im Aags. folgende:

aus Conj. I:

m æ g ich kann:
   Præs. Ind. sg. 1. 3. *mæg*, 2. *meaht (miht)*, pl. *mâgon* (nordh. *mugon*); Conj. *mâge mæge* (nordh. *muge*); Inf. [*mâyan*, nordh. *mugan*]; Præt. *meahte mihte*.

n e a h (nur mit *be-*, *ge-*) sufficere:
   Præs. Ind. sg. 1. 3. *neah*, pl. *nugon*; Conj. *nuge*; Præt. *noht* (cf. goth. *binah* Part. *binaúht*, sowie Aags. *geneahhe* und *genôg* genug); Inf. [*nugan*].

m a n ich gedenke, memini:
   Præs. Ind. sg. 1. 3. *man (mon)*, 2. *manst*, pl. *munon*; Conj. *mune*; Imp. *gemun*; Inf. *munan*; Præt. *munde*.

s c e a l ich soll, werde, auch zur Umschreibung des Futurums gebraucht:
   Præs. Ind. sg. 1. 3. *sceal (sceall)* und *scel (scell)*, 2. *scealt*, pl. *sculon sceolon*; Conj. *scule* und *scyle*; Præt. *scolde sceolde;* Inf. *sculan*.

aus Conj. II:

c a n ich kenne und kann:
   Præs. Ind. sg. 1. 3. *can (cann) con (conn)*, 2. *canst (const)*, pl. *cunnon*; Conj. *cunne*; Præt. *cûđe* (= goth. *kunþa*); Inf. *cunnan*.

a n ich gönne:

Præs. Ind. sg. 1. 3. *an (ann) onn,* pl. *unnon;* Conj. *unne;* Inf. *unnan;* Præt. *ûde.*

þearf ich habe nötig, habe Ursache:
Præs. Ind. sg. 1. 3. *þearf,* 2. *þearft,* pl. *þurfon;* Conj. *þurfe þyrfe;* Præt. *þorfte;* Inf. *þurfan.*

dear ich wage:
Præs. Ind. sg. 1. 3. *dear,* 2. *dearst,* pl. *durron;* Conj. *durre dyrre;* Præt. *dorste;* [Inf. *durran*].

aus Conj. III:
môt ich bin in der geeigneten Lage wozu, ich darf:
Præs. Ind. sg. 1. *môt,* 2. *môst,* pl. *môton;* Conj. *môte;* [Inf. *môtan*]; Præt. *môste.*

aus Conj. IV:
vât ich weiss:
Præs. Ind. sg. 1. 3. *vât,* 2. *vâst,* pl. *viton;* Conj. *vite;* Inf. *vitan;* Præt. *viste (vyste)* und *visse.*

nât ich weiss nicht:
Præs. Ind. *nât, nâst,* pl. *nyton neton;* Conj. *nyte nete;* Inf. *nytan netan;* Præt. *nyste nysse.*

aus Conj. V:
deág ich tauge, valeo:
Præs. Ind. sg. 1. 3. *deág deáh,* pl. *dugon;* Conj. *duge;* Inf. *dugan;* Præt. *dohte.*

aus Conj. IX:
áh ich habe, besitze:
Præs. Ind. sg. 1. 3. *áh,* 2. *áhst,* pl. *ágon;* Conj. *âge;* Inf. *ágan;* Præt. *áhte.*

2) Unter die Præterito-Præsentia gehörte ursprünglich auch das Verbum *villan* (velle); sein Præs. war zunächst, wie das Goth. noch zeigt, nur ein Præt. Conj. aus der vierten Conjugation, das zum Præsens ohne entsprechenden Indicativ erhoben wurde und dazu bildete sich dann nach Art der Præterito-Præsentia ein neues schwaches Præteritum etc. Allmälich aber bildete sich auch ein wirklicher formeller Indicativ, obgleich noch immer mit einzelnen conjunctivischen Formen gemischt: so im Aags. und Andd. und zum Teil auch im Ahd. Die Conjugation lautet im Ags.:

Præs. Ind. sg. 1. 3. *vile (vyle) ville (vylle),* 2. *vilt (vylt),* pl. *villâd vyllâd;* Conj. *ville (vylle);* Inf. *villan (vyllan);* Præt. *volde.*

und demgemäss das Compositum mit *ne* (*nyllan nolle*):
Præs. Ind. sg. 1. 3. *nyle* (*nele*) *nylle* (*nelle*), 2. *nylt* (*nelt*), pl. *nyllad* (*nellad*).
Conj. *nylle* (*nelle*); Inf. *nyllan nellan*; Præt. *nolde*.

F. Das Hilfsverbum *tun*.

1) Das Hilfsverbum *tun*, das im Andd. in den Präsentischen Formen sehr vielgestaltig auftritt, erscheint im Aags. gleichförmiger; seine Conjugation ist hier zunächst in den *präsentischen Formen* einfach folgende:

Præs. Ind. sg. 1. *dô*, 2. *dêst*, 3. *dêd*, pl. *dôd*; Conj. *dô* pl. *dôn*; Imp. sg. *dô* pl. *dôd*; Inf. *dôn*; Part. Præs. *dônde*

und Altnordhumbr. hat sich hier im Præs. Ind. sg. 1. auch noch das ursprüngliche *m* erhalten (*ic dôm* ich tue oder wie im Andd. mit unregelmässigem Eindringen des Stammvocals *a* sg. 1. *ic dôam*, 2. *dôas*, pl. *dôad* neben den regelmässigen Formen ohne *a*).

2) Das Part. Præteriti lautet Aags. *dôn*, zuweilen aber auch ohne allen ersichtlichen Grund mit Umlaut *dên*.

3) Das Præteritum lautet im Ags. mit unregelmässiger Bewahrung des ursprünglich auslautenden Vocals und Schwächung des Wurzelvocals im sg. 1. 3. *dide*, *dyde* (wie Andd. *dida dëda*) und im Plur. *dædun* (*-on*); diese regelmässige Form des Plur. findet sich aber nur noch in den älteren Quellen; sonst ist das *i* des sg. auch in den Plur. eingedrungen und dieser lautet daher gewöhnlich *didon dydon*. Und demgemäss erscheint auch der Conj. in doppelter Gestalt: sg. *dæde* und *dide* (*dyde*), pl. *dæden* und *diden* (*dyden*). Eine andere Unregelmässigkeit zeigt Præt. Ind. sg. 2: Diese Form erscheint nemlich nach Analogie der schwachen Conjugation gebildet, als wäre *dide* ein schwaches Præteritum: sie lautet nicht *dæde*, sondern *dides* (*dydes*) oder *didest* (*dydest*), ganz wie sich auch im Andd. neben der sonst dort auftretenden regelmässigen Form *dâdi* einmal auch die Form *dëdôs* findet.

G. Das Verbum substantivum.

1) Das Verbum subst. setzt seine Formen aus drei verschiedenen Verbis zusammen, die den Wurzeln *bu*, *as* und *was* angehören; die beiden ersten gehören nur den präsentischen Formen an und haben sich unter allen deutschen Sprachen im Ags. am vollständigsten erhalten.

2) Von der √ *bu* (skr. *bhu*), zu welcher auch lat. *fui* und *futurus*

gehören, stammen im A a g s. folgende Formen, welche aber nicht blos die Bedeutung eines Præsens, sondern häufig auch die eines Futurums haben:

Præs. Ind. sg. 1. *beóm beó* (skr. *bhavâmi* Conj. sg. *beú bió* pl. *beón bión.*
           alts. *bium*).   Imp. *beó* (skr. *bhava*) pl. *beód.*
      sg. 2. *byst bist.*   Inf. *beón.*
      sg. 3. *byđ biđ.*
      plur. *beód bióđ.*

3) Von der Wurzel *as* stammen mit Beibehaltung des Wurzelvocals folgende A a g s. Formen:

Præs. Ind. sg. 1. *eam* und *eom* (skr. *asmi* goth. *im*).
           2. *eart* (skr. *asi* goth. *is*); das *t* auch hier aus *þu*, das *r* aus *s*.
           3. *is ys* (skr. *asti* goth. *ist*), mit Abfall des *t*.
    pl. *earun, earon* (skr. *sant* statt *asanti*), mit Abfall des *d* (skr. *t*) wie im Præt. pl.

und mit der Negation *ne* verschmolzen:

Præs. Ind. sg. 1. *neam, neom*; 3. *nis nys*, pl. *nearon* (*näron*).
Part. Præs. *närende* (st. *nearende*).

4) Von derselben √ *as*, aber mit Abfall des Wurzelvocals wie im Sanskrit stammen:

Præs. Ind. pl. *sind, synd, sint* (= skr. *santi* lat. *sunt* goth. *sind*) und mit unregelmässig angetretener Endung *sindon syndon siendon seondon*, wol nach Analogie von *earun* gebildet.

Præs. Conj. *sî sý sie seó* pl. *sîn seón sýn sien.*

5) Von der √ *was* endlich stammen folgende regelmässig nach der ersten starken Conjugation gebildete Formen:

Præs. Ind. sg. *vëse*, 2. *vësest*, 3. *vësed*, pl. *vësád.*
Conj. *vëse* pl. *vësen*; Imp. *vës*; Inf. *vësan;* Part. Præs. *vësende.*
Præt. 1. *väs*, 2. *være*, 3. *väs;* pl. *væron* (*vêron*); Conj. *være.*
Part. Præt. *vësen.*

Und mit der Negation *ne* verschmolzen:

Præt. sg. *näs*, 2. *nare*, pl. *næron*; Conj. *nære.*

H. Formelles Passivum (eig. Medium).

1) Gleich dem Gothischen hat auch das Angelsächsische ein besonderes Passivum oder formelles Medium; dies hat sich aber bereits im A a g s. nur noch von dem Verbum *hátan* (nennen, heissen) erhalten, während sonst das Passivum durch die Verbindung des Verbi substantivi mit dem Part. Præt. umschrieben wird. Aber auch von dem genannten Ver-

bum haben sich nur noch die Formen der dritten Person im Singular und Plural erhalten, welche die beiden ersten Formen mit vertreten. Dem goth. Præs. sg. 3. *haitada* (er heisst, wird genannt) entspricht genau im im Aags. die syncopierte Form *hâtte*, während der Plural *hâtten* von dem goth. pl. 3. *haitanda* abweicht. Dieselben Formen *hâtte* und *hâtten* gelten aber nicht bloss für das Præsens, sondern auch für das Præteritum. Eine besondere Form für den Inf. hat sich nicht erhalten, sondern der Infinitiv Activi hat zugleich auch die mediale oder passive Bedeutung *nominari* (sich nennen, genannt werden) angenommen.

II.
Declination der Substantiva.
A. Starke (vocalische) Declination.
1) Stämme auf *a*- (Masc. und Neutr.).

1) Die Declination dieser Stämme ist im Aags. im Allgemeinen zunächst folgende:

	Masc.		Neutra
sg. nom. acc.	*fisc*	*vord*	*clif*
gen.	*fisces*	*vordes*	*clifes*
dat.	*fisce*	*vorde*	*clife*
Plur. nom. acc.	*fiscas*	*vord*	*clifu* (*cleofu*)
gen.	*fisca*	*vorda*	*clifa*
dat.	*fiscum*	*vordum*	*clifum*

Im Gen. sing. findet sich aber, obgleich sehr selten, die Endung -*ys* (d. h. -*is*) z. B. *vintrys* Beov. 516. — Im nom. acc. und gen. plur. ist theoretisch das *a* eigentlich lang anzusetzen; man lässt jedoch die Länge unbezeichnet, da der im 12. Jahrhundert eingetretenen Abschwächung dieses *a* zu *e* jedenfalls eine Kürzung des *â* zu *a* vorangegangen ist und es sich nicht feststellen lässt, wie früh oder wie spät diese Kürzung eingetreten ist.

2) Im *Nom. acc. plur.* unterscheiden sich die *kurzsilbigen Neutra* von den *langsilbigen* dadurch, dass erstere die Endung -*u* (aus älterem -*a*) behalten, wofür auch häufig die Trübung -*o* eintritt, zuweilen aber in älterer Zeit auch noch reines -*a* erscheint (z. B. *hleoda* Rä. 58², später *hleodu*), während die langsilbigen diese Endung abwerfen, z. B. *bod* (Gebot, Botschaft) pl. *bodu*, *hol* (Höle) pl. *holu*, aber *word* pl. *word*, *hûs* pl. *hûs*.

3) Bei den kurzsilbigen Masculinis und Neutris mit dem ursprünglichen Wurzelvocal *a* tritt in den einsilbigen Formen sowie vor den Flexionsendungen mit *e* die Trübung *ä* ein, im Plur. aber vor *a* und *u* behalten sie reines *a*, wie schon in der Lautlehre bemerkt wurde z. B.

    masc. sg. nom. acc. *däg* gen. *däges* dat. *däge*, pl. *dagas daga dagum*.
    neutr. *fät fätes fäte* plur. *fatu fata fatum*.

Kurzes *i* aber geht im Plur. vor den Endungen mit *u* häufig in die Brechung *eo* (*io*) über, z. B.

    n. *clif* gen. *clifes*, pl. nom. *clifu* und *cleofu*.
    hlid gen. *hlides*, pl. nom. *hlidu* (*hlido*) *hliodo hleodu* (*-o*) dat. *hlidum hleodum*.

4) Bisher war nur von solchen Substantiven die Rede, die im nom. sg. einsilbig sind. Besondere Betrachtung erfordern nun noch diejenigen, welche durch eine Ableitungssilbe *mehrsilbig* sind. Ist bei diesen die Wurzelsilbe *lang*, so werfen sie vor antretender Flexionsendung den Vocal der Ableitungssilbe aus, zum Teil aber auch schon im nom. acc. sg.; z. B.

Masc.:			Neutr.:		
sg. nom. *mâdum mâdm*	gen. *mâdmes*		sg. nom. *hûsel husl*	gen. *hûsles*	
„ „ *leahtor*	„ *leahtres*		„ „ *tungol tungl*	„ *tungles*	
„ „ *hrôdor* (Trost Erfreuung)	„ *hrôdres*		„ „ *beácen*	„ *beácnes*	
			„ „ *heolstor*	„ *heolstres*.	
„ „ *hungor*	„ *hungres*				
„ „ *middel*	„ *midles*				

Ist dagegen die Wurzelsilbe *kurz*, so behalten sie bald den Vocal der Ableitungssilbe, bald stossen sie ihn aus, ohne dass sich eine bestimmte Regel dafür aufstellen lässt; z. B.

    masc.: sg. nom. *nägel nägl* gen. *nägles*
        „   „ *hagal hagol hägel hägl* gen. *hägeles* und *hägles hagles*
        „   „ *heorot heort* gen. *heorotes heortes*
        „   „ *meotud* (*-od*) gen. *meotudes* (*-odes*)
        „   „ *häled* gen. *häledes*
        „   „ *heofon* gen. *heofenes* (*-enes*) und *heofnes*.
    neutr.: „   „ *väter* gen. *väteres* und *vätres*
           „   „ *leger* „ *legeres* und *legres*
           „   „ *heafod* „ *heafdes*
           „   „ *veofod* „ *veofodes*.

Einige *mehrsilbige Masculina* werfen häufig im nom. acc. pl. die Endung -*as* ab, z. B.

háled nom. acc. pl. *háledas* und *häled* (oder auch nach der I-Decl. *hälede*).

fätels nom. acc. pl. *fätelsas* und *fätels* (Sack).

Die *mehrsilbigen Neutra* behalten ebenso wie einsilbig-kurzsilbige die Endung -*u* (-*o*), z. B.

heafod pl. *heafdu, veofod veofodu, väter väteru* und *vätru, tungol* pl. *tunglu.*

5) Einige *einsilbige Neutra* wie *äg* (ovum), *cealf, cild* zeigen im nom. acc. pl. die Endung -*ru* statt -*u*:

sg. nom. *äg* dat. *äge* pl. *ägru; cealf* pl. *cealfru* (auch *calfur*); *cild* pl. *cildru* neben *cild*.

Das *r* gehört aber nicht der Flexion an, sondern der Ableitung; so gehört z. B. zum plur. *hríderu* (Rinder) schon der sing. *hríder* (nicht *hríd*), zum plur. *lambru* der sg. *lambor*, während zum einfachen sing. *lamb* auch der plur. *lamb* gehört. Wir sind daher berechtigt, auch für jene Neutra, die das *r* nur im Plur. zeigen, ältere mit *r* abgeleitete Nebenformen im Singular vorauszusetzen, zumal da bei *äg* das *r* auch im dat. pl. *ägerum* erscheint. Ähnlich kommt ja auch im Ahd. neben dem einfachen sg. *chalb* auch noch der abgeleitete sg. *chalbir* (dat. *chalbire*) vor, was auch für das Ags. einen freilich nicht mehr zu belegenden sg. *cealfur* neben *cealf* ausser Zweifel setzt. Übrigens sind solche Doppelformen auch sonst im Ags. vorhanden, wenn auch zum Teil ohne Plural, z. B.

sigor (goth. *sigis*) neben *sige*, *hâlor* (dat. *hâlore*) neben *hæl*, *salor* (dat. *salore*) neben *säl* pl. *salu*.

6) Endlich ist noch hinsichtlich der Stämme auf *a-* zu bemerken, dass sich bei ihnen auch noch ein *formeller Instrumentalis im Singular* erhalten hat. Dieser Casus, dem wir auch bei dem Adj. und Pron. begegnen werden, endigte früher auf -*ỹ* (-*i*) = Andd. Ahd. -*û*, wovon sich z. B. in den Aags. Gesetzen noch Spuren erhalten haben (*ceápi* von *ceáp* Kauf, res emta und Kaufpreis, *folkỹ* von *folc*). In der Substantivdeclination hat sich aber ebenso wie bei den Adj. diese ursprüngliche Endung schon frühzeitig zu -*e* abgeschwächt, so dass beim Subst. der Instr. formell mit dem Dativ auf -*e* zusammen gefallen ist (*ceápe, folce*), während er beim Adj. auch nach dieser Schwächung von dem Dativ sg., der dort auf -*um* endigt, formell geschieden blieb. Bei dem Pronomen dagegen, wie wir später sehen werden, hat sich die alte En-

dung -*j* (-*i*), wenn auch wol bereits zu *y* (*i*) gekürzt, länger erhalten. Es ist zwar üblich, in den Ausgaben jene Endung -*e* des Instr. lang als -*ê* zu bezeichnen (*ceápê*, *folcê*), da im Goth. Pron. die entsprechende Endung -*ê* ist: dies würde aber für das Aags. nicht -*ê*, sondern -*a* voraussetzen, und ich schliesse mich daher jetzt unbedingt der meines Wissens zuerst von M. Heyne näher begründeten Ansicht an, dass jenes -*e* wirklich nichts anderes ist, als Abschwächung aus dem älteren -*j*.

2) Stämme auf *ja*- (Masc. und Neutra).

α. Die *Masculina*, deren Stämme ursprünglich auf *ja*- (oder vielmehr auf *aja*- endigten), bilden den nom. acc. sg. auf -*e* (aus dem nach Abfall der Endung in den Auslaut getretenen und daher vocalisierten *j* entstanden), z. B.

hirde (g. *hairdeis* St. *hirdaja*-), *here* (g. *harjis* St. *haraja*-) *læce* (St. *lâkaja*-) Arzt etc.

oder sie werfen das -*e* in den beiden genannten Casus ab, z. B.

sveng, *lîg* und *lêg*.

In den übrigen Casus dagegen fiel das *j* vor den Endungen meist aus und hinterliess seine Spur eben nur im Umlaut des Wurzelvocals, wo ein solcher überhaupt möglich war, z. B.

sg. nom. acc. *hirde*, gen. *hirdes*, dat. *hirde*; pl. nom. acc. *hirdas*, gen. *hirda*, dat. *hirdum*.

Vor *a* blieb jedoch zuweilen das *j* in der Form von *ë*, z. B.

vrenc und *vrence* pl. *vrenceas*; *mêce* pl. *mêceas* und *mêcas*, *sveng* pl. *svengeas* und *svengas*; *lîg* pl. *lîgeas* and *lîgas*.

Nach *r* erscheint vor Endungen auch *g* als Vertreter des *j* oder *ig*, *ige* als unmittelbare Schwächung aus dem ursprünglichen vollen Stammesausgang *aja*- wie in der ersten schwachen Conjugation, z. B.

sg. nom. acc. *here*, gen. *heriges herges heres*, dat. *herige herge here*,

pl. nom. acc. *herigas* (*herigeas*) *hergas*, gen. *heriga* (*herigea*) *herga*, dat. *herigum hergum*.

β. Die *Neutra* von Stämmen auf *ja*- (*aja*-) folgen ganz der Analogie der Masculina, mit Ausnahme des nom. acc. pl., den sie stets auf -*u* bilden, z. B.

sg. nom. acc. *rîce*, gen. *rîces*, dat. *rîce*; pl. nom. acc. *rîcu*, gen. *rîca*, dat. *rîcum*.

3) Stämme auf *va-* (Masc. und Neutr.).

α. Die Stämme, welche ursprünglich auf *va-* oder vielmehr auf *ava-* endigten, behalten das *v* meist vor antretenden Endungen, werfen es aber zuweilen auch aus; im Auslaut werfen sie es bald ab, bald behalten sie es bei und zwar nach Vocalen als *v*, nach Consonanten dagegen zu *-u (-o)* vocalisiert; z. B.

		Masc.		Neutra.
sg. nom. acc.	*sæ*	*snâv*	*þeóv þeó*	*hræv (hrâv hreâv) bealu (-o)*
				hræ (hrâ)
gen.	*sæs*	*snâves*	*þeóves þeós*	*hræves hræs* etc. *bealves*
dat.	*sæve sæ*	*snâre*	*þeóve þeó*	*hræve hræ* etc. *bealve*
Plur. nom. acc.	*sæs*		*þeóvas þeós*	wie im Nom. sg.
gen.	*sæva*		*þeóva*	*hræva*
dat.	*sævum sæm*		*þeóvum*	*hrævum*

β. Den ursprünglichen vollständigen Stammesausgang *ava-* haben mit Schwächung des ersten *a* zu *u* oder *e* zum Teil noch diejenigen Neutra bewahrt, welche im sg. nom. acc. das *v* zu *o* vocalisierten, z. B.

bealu, gen. *bealuves*, dat. *bealuve* neben den syncopierten *bealves bealve*.

melu (*melo meolu meolo*), gen. *meluves meleves*, dat. *meluve*.

4) Stämme auf *â-* (Feminina).

α. Die Declination dieser Feminina im Aags. stimmt insofern zum Ahd. und Andd., dass sie im gen. sg. und im nom. acc. pl. das im Gothischen noch erhaltene *s* der Endung abgeworfen haben: nur ganz vereinzelt finden sich in älteren Quellen noch Reste eines Genitivs auf *s*, z. B. *helpys* Ps. 101[9].

	Goth.	Ahd.
sg. nom. acc.	*giba*	*gëba*
gen.	*gibôs*	*gëbâ*
dat.	*gibai*	*gëbu*
Plur. nom. acc.	*gibôs*	*gëbâ*
gen.	*gibô*	*gëbôno*
dat.	*gibôm*	*gëbun*

Sonst aber zeigen sie namentlich im Singular einen wesentlichen Gegensatz zu den übrigen deutschen Sprachen. Während nemlich in den übrigen deutschen Sprachen je nach den verschiedenen Casus das *â* des

Stammes teils blieb, teils sich zu *a* verkürzte, teils zu *ô* wurde, wurde es im Aags. im Singular durch alle Casus zunächst zu *ô* und dies schwächte sich dann zu *u* oder *o*, sodass hier sämmtliche Casus des *Singulars*, nachdem das *s* des Genitivs abgefallen war, einander gleichlauteten. Dies Verhältnis hat sich aber zunächst nur bei denen auf -*du* (-*do*) erhalten, welche den gothischen auf -*iþa* und den ahd. auf -*ida* entsprechen, z. B.

goth. *háuhiþa* ahd. *hôhida*: ags. sg. nom. acc. gen. dat. *heáhdu hêhdu*
(*heáhdo hêhdo*)
„ *vargiþa* „ — „ „ „ „ „ „ *vergdu* (*värgdu*)
u. *vergdo* (*virgdo*)
„ — „ *fêhida* „ „ „ „ „ „ *fæhdu fæhdo*
„ — „ *kundida* „ „ „ „ „ „ *cýddu cýdlo*
alts. *mâritha* „ *mârida* „ „ „ „ „ „ *mærdu mærdo*
„ — „ *argida* „ „ „ „ „ „ *yrgdu yrgdo*.

β. Andere dagegen behielten das *u* nur im nom. sg., während sie dasselbe in den übrigen Casus des Singulars noch weiter zu *e* schwächten, z. B.

sg. nom. *gifu*: gen. dat. acc. *gife*
„ „ *talu*: „ „ „ *tale* und *täle*
„ „ *faru*: „ „ „ *fare* und *färe*
„ „ *vracu*: „ „ „ *vrace* und *vräce* (*vrece*)
„ „ *sacu*: „ „ „ *sace* und *säce* (*säcce*)
„ „ *stîgu*: „ „ „ *stîge*
„ „ *tâlu*: „ „ „ *tâle* und *tæle* (ahd. *zâla*)
„ „ *vâdu*: „ „ „ *vâde* und *væde* (ahd. *weida*).

γ. Noch andere warfen im nom. sg. das *u* ab, während sie in den übrigen Casus des Sing. der Analogie der eben genannten folgen, z. B.

sg. nom *þrag þrah*: gen. dat. acc. sg. *þrage*
„ „ *þeód* „ „ „ „ *þeóde*.

Derselbe Abfall des *u* im nom. sg. fand allmälig zum Teil auch bei den vorher genannten auf -*du* (goth. -*iþa*) statt und diese schwächten alsdann auch in den übrigen Casus des Singulars zu -*e*, z. B.

sg. nom. *mærd* (neben *mærdu*): gen. dat. acc. *mærde* (neben *mærdu*)
„ „ *fæhd* (neben *fæhdu*): „ „ „ *fæhde* (neben *fæhdu*).

δ. Im *Plural* dagegen declinieren alle die bisher genannten Feminina folgendermassen:

Plur. nom. acc. *mærda, gifa, saca, þraga*
gen. *mærda, gifa, saca, þraga*
dat. *mærdum, gifum, sacum, þragum.*

Doch findet sich im nom. acc. pl. statt *-a* zuweilen auch die Endung *-e*.

ε. Besondere Erwägung erheischt jedoch noch der *Genitiv Pluralis*. Die langsilbigen bilden ihn fast durchweg nur auf *a* (*váda*, *mægda, þeóda, stiga*). Die kurzsilbigen und einige wenige langsilbige dagegen zeigen neben dem regelrechten gen. pl. auf *-a* auch einen solchen auf *-ena* (*-ona*), z. B.

gifu: gen. pl. *gifena* (*gefona*) neben *gifa*
sorg: „ „ *sorgna* neben *sorga*

während andere den gen. pl. entweder nur auf *-a* oder nur auf *-ena* bilden, z. B.

sceamu gen. pl. *scama* *sagu* gen. pl. *sagona*
sacu „ „ *sácca* *cearu* „ „ *cearena* (*carena*).

Die Formen auf *-ena* (*-ona*) sind aus der schwachen Declination eingedrungen und sind der Rest eines früher neben dem starken Subst. bestandenen vollständigen schwachen Substantivums.

5) Stämme auf *jâ-* (Feminina).

α. Die *kurzsilbigen* assimilieren das *j* dem consonantischen Wurzelauslaut, wodurch Gemination des letzteren entsteht; im nom. sg., welcher einsilbig ohne Endung ist, wird diese Gemination nach dem bekannten Auslautegesetz meist aufgehoben, zuweilen aber auch beibehalten. Im Übrigen stimmt die Declination mit der von *gifu* und *mærð* überein; z. B.

sg. nom.	gen. dat. acc.	pl. nom. acc. gen.	
crib cribb	*cribbe*	*cribba*, dat. *cribbum*	
syn synn (Sünde)	*synne*	*synna*	„ *synnum*
sib sibb	*sibbe*	*sibba*	„ *sibbum*
ben benn	*benne*	*benna*	„ *bennum.*
hel hell	*helle*		

Auch hier findet sich im nom. acc. pl. statt *-a* zuweilen die Endung *-e* (z. B. *benne* statt *benna*). Und zuweilen wirft auch der acc. sg. gleich dem nom. sein *-e* ab (z. B. acc. *sibb hell*).

β. Die *langsilbigen* dagegen werfen das *j* aus, sodass seine Spur nur im Umlaut zurückbleibt; der acc. sg. erscheint bald mit bald ohne *-e*, z. B.

sg. nom.	gen. dat.	acc.	pl. nom. gen.	acc.	dat.
gyrd	*gyrde*	*gyrde*	*gyrda*	*gyrda (-e)*	*gyrdum*
bend	*bende*	*bende*	*benda*	*benda (-e)*	*bendum*
hæd	*hæde*	{ *hæde* / *hæd* }			

γ. Eine Anzal Femininstämme auf *jâ-* (*ajâ-*) von meist abstracter Bedeutung, welche im Ahd. und Andd. alle Casus des Singulars gleichförmig auf *-ô* bilden, im Gothischen durch Antritt eines *n* an den Stamm aber der schwachen Declination folgen und dort den sg. nom. auf *-ei* (gen. *-eins*) bilden, haben im Aags. analog den vorher erwähnten Stämmen auf *-iþa* (Aags. *-du -do*) das *â* des Stammes durch alle Casus des Singulars in *ô* verwandelt und dieses dann zu *u* oder *o* geschwächt; das *j* selbst aber haben sie ausgestossen, nachdem es den Umlaut der Wurzelsilbe bereits bewirkt hatte. Wie daher im Ahd. und Andd. alle Casus des Sing. gleichförmig auf *-î* endigen, so endigen dieselben im Aags. gleichförmig auf *u* oder *o;* und dies *u oder o* blieb auch im nom. acc. pl., soweit überhaupt ein Plural vorkommt, z. B.

goth. *braidei* (*eins*) ahd. *breiti* ags. *brædu* (*-o*)
„ *snutrei* *snytru* (*-o; pl.*{nom./acc.}*snytru;* gen. *snytra;* dat. *snytrum*
ahd. *adalî, edili* *ädelu* (*-o*) pl. nom. acc. *ädelu* (*-o*, auch *ädele*) gen. *ädela* dat. *ädelum*
g. *managei* ahd. *menigî* *menigo* (*-igeo*) und *mengu* (*-o*)
ahd. *heilî* *hælu* (*-ô*)
goth. *balþei* ahd. *baldî* *byldu* (*-o*)
ahd. *strangî strengi* *strengu* (*-o*) und *strengeo*
goth. *baírhtei* ahd. *berahti* *beorhtu* und *byrhtu* (*-o*)
ahd. *alti* *yldu* (*-o*) und *eldu* (*o*)

In den Formen auf *-eo* (wie *menigeo, strengeo*) hat sich ausnahmsweise das *j* als *e* erhalten. — *engu* (g. *angvei* ahd. *engî*) hat im acc. gen. dat. sg. nicht *engu*, sondern *enge*.

6) Stämme auf *vâ-* (Feminina).

Diese warfen das *v* ab ausser *eá* = goth. *ahva*, wo es mit dem *a* zum Diphthong *au* verschmolz; im sg. sind sie indeclinabel:

sg. nom. acc. gen. dat. *sæ* f. *) pl. nom. acc. *sæ* dat. *sæm*
„ „ „ „ „ *eá* „ „ „ *eá* „ *eám*
„ „ „ „ „ *beó*

*) Im Aags. bestanden *sæ* m. und *sæ* f. neben einander, also ein Stamm *saiva-* und ein Stamm *saivâ* (f.).

Von *ea* findet sich jedoch vereinzelt auch der gen. sg. *eas* = g. *ahvôs* mit Beibehaltung des *s*.

7. Stämme auf *i*- (Masc.)

α. Die *kurzsilbigen* haben im nom. acc. sg. das *i* des Stammes bewahrt, aber geschwächt zu *e*, z. B.

b y r e filius, *hype* (g. *hup-s*) coxa, *myne* (g. *mun-s*) Gedanke *d r y r e* (g. *drus*) Fall, *hryre* Fall, *lyre* Verlust, *slege* (g. *slah-s*) Schlag.

Ebenso endigt der nom. acc. pl. in der Regel nach Abfall des *s* auf *e* (*byre*, *hype* etc.). In den übrigen Casus dagegen haben sie das *j* ausgestossen, jedoch erst nachdem der Umlaut bereits eingetreten war:

sg. gen. *byres* dat. *byre*; pl. gen. *byra* dat *byrum*.

Zum Teil findet sich auch im nom. acc. pl. neben der Endung -*e* auch die Endung -*as*, z. B.

byras, hypas neben *byre, hype*.

Hierher gehören auch die Volksnamen pl. *Engle* Angli, *Dene* Dani (gen. *Engla, Dena,* dat. *Englum, Denum*). Neben dem gen. pl. *Dena* findet sich aber auch die vollere Form *Deniga, Denigea*: dies erklärt sich daraus, dass die Stämme auf *i* überhaupt aus älteren Stämmen auf *aja-, ja-* verkürzt sind: die Formen *Deniga, Denigea* beruhen eben einfach auf der ursprünglichen vollen Stammform *Danaja-* neben dem späteren Stamm *Dani-*.

β. Die *langsilbigen* sind im Aags. meist ausgestorben und durch einfache Stämme auf *a-* ersetzt, wie ja auch im Gothischen bereits überhaupt einzelne Casus der I-Declination ausgestorben und durch die entsprechenden Casus der A-Declination ersetzt sind. Doch haben sich im Aags. noch einige erhalten, kenntlich an dem durchgehenden Umlaut. Von den kurzsilbigen unterscheiden sie sich dadurch, dass sie im nom. acc. sg. das *e* abwerfen und den nom. acc. pl. fast durchgängig nur auf -*as* bilden. So besteht z. B. neben *gäst* (St. *gasta-*), welches ganz der A-Declination folgt, auch das gleichbedeutende *gest* oder *gist giest gyst* (St. *gastaja-, gasti-*), und dieses decliniert:

sg. nom. acc. *gist* gen. *gistes* dat. *giste*, pl. nom. acc. *gistas* gen. *gista* dat. *gistum*.

Ebenso *lyft lyftes lyfte lyftas* etc. und noch einige andere [*lyft* ist m].

γ. Zwei Masculina endlich, nemlich *fôt* und *tôd*, sind heteroklitisch, sie folgen teils ganz der A-Declination (Stamm *fôta-*, *tôda-* aus *tanþa-*), also z. B.

fôt fôtes fôte pl. *fôtas fôta fôtum;*
zum Teil bilden sie aber auch den dat. sg. und den nom. acc. pl. nach der I-Declination, aber abweichend von der vorher genannten langsilbigen: sie bildeten nemlich diese Casus zunächst nach Art der kurzsilbigen auf -*e*, warfen aber dann diese Endung ab und die genanten drei Casus lauten daher *fêt*, *têd*. Dass übrigens von diesen beiden Wörtern neben den Stämmen auf *a-* und *i-* (*aja-*) im Deutschen auch noch ein dritter Stamm auf *u-* (*ava-*) bestand, zeigen die gothischen *fôtus*, *tunþus*, welche zur U-Declination gehören.

8) Stämme auf *î-* (Feminina).

α. Zahlreicher als die Masculina sind im Aags. die Feminina der I-Declination, d. h. diejenigen, deren Stammesausgang *î-* (aus *ajâ-*) war, obgleich hier bereits viele ausgestorben und ganz oder zum Teil durch Stämme auf *â-* vertreten sind. Es sind zwei Classen zu unterscheiden.

β. Die *erste Classe* bildet sämmtliche Casus von dem Stamm auf *i-*, wie der durchgehende Umlaut zeigt, obgleich das *i* (*j*) überall weggefallen ist und die Endungen im Sg. teils zu *e* geschwächt wurden teils abfielen, z. B.

sg. nom. acc. *glêd*, gen. dat. *glêde;* pl. nom. acc. *glêda* (-*e*), gen. *glêda*, dat. *glêdum*.

Ebenso *bryd* (goth. *bruþs*), *êst* (g. *ansts*), *nŷd* (g. *nauþs*) neben *neád* (dies von dem einfachen Stamm *naudâ-*), *niht* oder *nyht* (g. *nahts*) neben *nealht* vom St. *nahtâ-*.

γ. Die *zweite Classe* dagegen bildet nur den gen. dat. sg. und den nom. acc. pl. nach der I-Declination, die übrigen Casus dagegen nach der A-Declination, wie das Auftreten des Umlauts in jenen vier Casus und das Unterbleiben desselben in den übrigen zeigt. Jene vier Casus aber sind durch Abfall der Endungen äusserlich einander gleich geworden, z. B.

sg. nom. acc. *bôc*, gen. dat. *bêc*, pl. nom. acc. *bêc*, gen. *bôca*, dat. *bôcum*
" " " *gôs* " " *gês* " " " *gês* " *gôsa* " *gôsum*
" " " *mûs* " " *mŷs* " " " *mŷs* " *mûsa* " *mûsum*
" " " *lûs* " " *lŷs* " " " *lŷs* " *lûsa* " *lûsum*
" " " *turf* " " *tyrf* " " " *tyrf* " *turfa* " *turfum*
" " " *burg* " " *byrig* " " " *byrig* " *burga* " *burgum*.

Die Form *byrig* ist aus *burgi* durch Metathesis entstanden; daneben findet sich aber auch in den betr. vier Casus die Form *burge* nach der A-Declination. Das gleichfalls hierher gehörige f. *cû* bildet den gen. dat. sg. *cŷ*, den nom. acc. pl. teils *cŷ* teils *cŷe*, den dat. pl. *cûm* und den gen. pl. nach der schwachen Declination *cûna*.

ð. Einige Feminina der I-Declination haben im gen. sg. zum Teil nach gothischer Weise das *s* der Endung bewahrt, z. B.

verold gen. *veroldes* neben *verolde*
niht gen. *nihtes* (besonders als adv.) neben *nihte*.

9. Stämme auf *u-* (Masc.) und auf *û-* (Feminina).

α. Die U-Declination, deren Stämme auf *u-* (ursprünglich *ava-*, *va-*) bzw. auf *û-* (ursprünglich *avâ-*, *vâ-*) endigten, hat sich im Aags. nur noch in einzelnen Trümmern erhalten. Den meisten gothischen Stämmen dieser Declination stehen im Aags. Stämme der A- oder I-Declination gegenüber. Die Reste der U-Declination sind zunächst folgende:

masc.: sg. nom. acc. *sunu (-o)*, *heoru (heoro)*, *magu (mago)*, *sidu (sido siodo)*, *vudu*
gen. *sunu* und *suna; vuda*
dat. *sunu* und *suna; vudu* und *vuda*
pl. nom. acc. *sunu (-o)* und *suna; vudu*
dat. *sunum, vudum*
gen. *sunâ, magâ, vuda* (nach der A-Declination?)

fem.: sg. nom. acc. *duru*, gen. dat. *duru* und *dura;* pl. nom. acc. *duru durâ,* dat. *durum,* gen. *dura*.

Die Doppelformen auf *-a* und *-u* im gen. dat. sg. und nom. acc. pl. erklären sich aus einer zweifachen Behandlung der ursprünglichen Stammesform auf *ava-;* aus dem vollen Stamm *sunava-* bildet sich z. B. der gen. sg. *sunavas* goth. *sunaus* aags. *suna*, und aus der synkopierten Stammesform *sunva-* der gen. *sunvas* aags. *sunu*.

β. Ausserdem hat sich von einigen Substantiven, die sonst im Aags. ganz der A-Declination folgen, noch der aus der U-Declination stammende dat. sg. auf *-a* erhalten, nemlich:

masc.: *vinter* (goth. *vintrus*): dat. *vintra* neben *vintre.*
sumor dat. *sumera; feld* dat. *felda; ford* dat. *forda.*
fem.: *hand* (goth. *handus*): dat. *handa.*

und von *vinter* findet sich auch noch der nom. pl. *vintru* nach der U-Declination, woran sich endlich noch, wie wir nachher sehen werden, der pl. *gebrôdru* (Gebrüder) anschliesst.

γ. Ein deutlicher Beleg für die Herkunft der *u*-Stämme von Stämmen auf *ava-, ra-* ist das aags. fem. *sceada (sceado)* = goth. *skadus* (dat. *skadan*); es bildet zwar die übrigen Casus im Aags. im Ganzen nach der A-Declination.

sg. gen. dat. acc. *sceade*, pl. nom. acc. *sceada* dat. *scadum;* vom nom. pl. findet sich aber auch die Form *sceadva*, welche die Existenz eines Stammes *scadavá-, scadvá-* ausser Zweifel setzt. Übrigens besteht daneben auch noch ein neutraler Stamm *scada-* aags. *scäd* nach der A-Declination.

B. Schwache (consonantische) Declination.

1) Consonantische Stämme auf *n-*.

α. Während man die Declination der bisher behandelten, ursprünglich auf einen Vocal auslautenden Substantivstämme nach J. Grimm's Vorgang die *starke Declination* nennt, bezeichnet man die Declination der consonantischen Stämme auf *n-* als die *schwache*, die der übrigen consonantischen Stämme aber als die *unregelmässige Declination*. Wir haben es hier zunächst mit den Stämmen auf *n-*, also mit der sog. schwachen Declination zu tun.

β. Diese Declination ist im Aags. ziemlich einförmig, nemlich:

	Masc.	Fem.	Neutr.
sg. nom.	*hana*	*tunge*	*eáge*
acc.	*hanan*	*tungan*	*eáge*
gen.	*hanan*	*tungan*	*eágan*
dat.	*hanan*	*tungan*	*eágan*
pl. nom. acc.	*hanan*	*tungan*	*eágan*
gen.	*hanena*	*tungena*	*eágena*
dat.	*hanum*	*tungum*	*eágum.*

γ. Einige hierher gehörige Substantiva, welche den consonantischen Wurzelauslaut eingebüsst haben, zeigen contrahierte Formen:

masc.: sg. nom. *freá,* gen. dat. acc. *freán,* dat. pl. *freáum* (dominus)
„ „ *tveó* „ „ „ *tveón* (dubium)
fem.: „ „ *tá* (Zehe) „ „ „ *tán,* pl. nom. acc. *tán,* gen. *tána* *táena,* dat. *táum*
„ „ *flá* (Pfeil) „ „ „ *flán,* „ „ „ *flán,* gen. *flána*
„ „ *beó* (Biene) „ „ „ *beón* „ „ „ *beón.*

Neben *flâ* besteht aber auch noch ein starkes m. f. *flân* nach der A-Declination (Altn. *fleinn*):
dat. sg. *flâne*; nom. acc. pl. *flânas* und *flâna* dat. *flânum* (Stamm *fleina-*, während zu *flâ* der Stamm *flein-* lautete).

2. Consonantische Stämme auf *r*.

Die Declination dieser Stämme ist mit Stämmen der A-, I- und U-Declination d. h. mit Stämmen auf *ra-*, *ri-*, *ru* (resp. *ra-* etc.) gemischt.

α. Zur *consonantischen Declination* gehören folgende Formen:
sg. nom. acc. *fäder, môdor, dôhtor, brôdor, sveostor*
gen. „   „   „   „   „ (wie im Nom.)
dat. *fäder, sveostor*
pl. nom. acc. *dôhtor, brôdor*
gen. *brôdra, dôhtra, fädera* (oder zur A-Declination?)

β. Zur *I-Declination* gehören die Formen:
dat. sg. *mêder, brêder, dêhter* (im Altn. auch pl. nom. *brœdr*
gen. *brœdra*).

γ. Zur *U-Declination* gehören wie im Gothischen die Formen:
pl. nom. *brôdru (gebrôdru)*, dat. *brôdrum* (oder letztes zur A-Declination?).

δ. Zur *A-Declination* endlich gehören die Formen:
gen. sing. *fœderes*, pl. nom. *fœderas*.

3. Consonantische Stämme auf *d*.

Wenn die Participia Præsentis substantivisch gebraucht werden, bilden sie in der Regel den nom. acc. pl. ohne Endung, d. h. sie werden alsdann als consonantische Stämme behandelt, z. B.

feónd inimici, *freónd* amici, *foldbúend* terricolæ, *sceótend* jaculatores, während sie sonst (in den übrigen Casus auch bei substantivischem Gebrauch) der adjectivischen Declination folgen, mit Ausnahme von *feónd* und *freónd*: Diese beiden sind ganz in die Reihe der Substantiva eingetreten und folgen ausser den genannten Formen des nom. acc. pl. der A-Declination (sg. gen. *freóndes* dat. *freónde* etc.); aber auch den nom. pl. bilden diese beiden zum Teil nach der A-Declination (*feóndas, freóndas*) und sogar nach der I-Declination (*fýnd, frýnd*). Der nom. acc. pl. auf *-as* findet sich übrigens zuweilen auch bei andern substantivisch gebrauchten Participien, z. B. *vealdendas* neben *vealdend*.

4) Consonantische Stämme auf *d*.

häled bildet den nom. acc. pl. *häled* nach der consonantischen Declination, oder auch, wie wir bereits früher sahen, *häledas* nach der A-Declination und sogar *hälede* nach der I-Declination.

5. Declination von *man* (Mann).

Hier mischen sich verschiedene Stämme:

α. St. *manna-* aus *manva-* (skr. *manu-*) assimilirt.
   sg. nom. *man* (*mon*), *mann* (*monn*)
   gen. *mannes* (*monnes*)
   pl. gen. *manna* (*monna*)
   dat. *mannum* (*monnum*).

β. St. *mannan-:*
   sg. nom. *manna* (*monna*)   pl. nom. acc. *mannan* (*monnan*)
   gen.)
   dat.} *mannan* (*monnan*)
   acc.)

γ. Der einfache Stamm *mana-* liegt nur noch im goth. Compositum *manasêþs* vor (Menschensaat, Menschheit).

δ. Zweifelhaft bleibt, welcher Stamm für folgende Formen des dat. sg. und des nom. acc. pl. anzusetzen sei:

   dat. sg.)
   nom. acc. pl.} *men, menn, män, männ.*

Am Wahrscheinlichsten dünkt, dass sie den gothischen Formen aus der consonantischen Declination entsprechen, nemlich goth. dat. sg. *mann* und nom. acc. pl. *man-s:* dann sind die Formen mit *ä* die regelrechten und *e* ist nur graphischer Vertreter von *ä;* nimmt man aber auch *e* als regelrecht, so wäre für die Formen mit *e* ein Stamm *manja-*, *mani-* anzusetzen: hierfür spricht der Andd. pl. *-meni* in zusammengesetzten Volksnamen.

Declination der Adjectiva.

A. Starke Declination.

1) Die *langsilbigen* decliniren folgendermassen:

	m.	n.	f.
sg. nom.	*blind*	*blind*	*blind*
acc.	*blindne*	*blind*	*blinde*
gen.	*blindes*	wie *m*.	*blindre*
dat.	*blindum*	„	*blindre*
inst.	*blinde*)*	„	—
pl. nom. acc.	*blinde*	*blindu* (*-o*))	)
gen.	*blindra*	} wie *m*.	} wie *m*.
dat.	*blindum*	)	)

---

*) Vgl. das über den Instr. der Subst. der A-Declination Gesagte (p. 69).

2) Die *kurzsilbigen* haben im nom. sg. f. stets die Endung -*u*, sonst aber stimmt ihre Flexion ganz mit der der langsilbigen überein:

	m.	n.	f.
sg. nom.	hol	hol	holu (-o)
acc.	holne	hol	hole
gen.	holes	wie m.	holre
dat.	holum	„	holre
inst.	hole	„	—
pl. nom. acc.	hole	holu	
gen.	holra	} wie m.	} wie m.
dat.	holum		

3) Die *kurzsilbigen mit dem Wurzelvocal a* haben im nom. sg. f. und im nom. acc. pl. n. vor der Endung -*u* stets reines *a* (*gladu, hvatu*); im endungslosen nom. sg. m. n. gilt reines *a* neben *ä* nur bei *blac* (schwarz), sonst stets *ä:* in allen übrigen Formen dagegen haben sie unterschiedslos bald *a* bald *ä*, einerlei ob die folgende Silbe ein *e* oder einen volleren Vocal enthält; so sind z. B. folgende Formen belegt:

sg. nom. m. n. *gläd*, f. *gladu (-o)*, acc. m. *glädne*, n. *gläd*, f. *gläde* und *glade*, gen. m. n. *glädes*, f. *glädre gladre*, pl. m. f. *glade*, gen. *glädra gladra*, dat. pl. *glädum gladum*.

sg. nom. *bär*, pl. nom. n. *baru*, dat. *barum*, acc. m. *bare*.

sg. nom. *bläc blac*, dat. *blacum*, f. *blaccre*, pl. *blace* und n. *blacu*.

sg. nom. *hräd*, acc. sg. f. *hräde*, pl. nom. *hrade*, dat. *hrädum*.

sg. nom. *hvät*, dat. m. *hvatum*, gen. *hvates*, acc. f. *hväte*, pl. nom. *hvate hväte*.

sg. nom. *vär* (cautus), inst. *vare*, pl. nom. *väre*, dat. *värum* u. s. w.

4) Bei *mehrsilbigen* hat der nom. sg. f. bald die Endung -*u* bald nicht (z. B. *fäger* und *fägeru*). Bei den mehrsilbigen auf -*el*, -*en*, -*er*, -*ig* wird häufig der Vocal dieser Silbe ausgeworfen, wenn die Flexionsendung mit einem Vocal beginnt, z. B.

fäger gen. *fägeres fägres*, dat. *fägerum fägrum*, aber dat. f. nur *fägerre*, acc. m. *fägerne*.

5) Die *Adjectivstämme* auf *ja-* haben das *j* nur in dem *e* der flexionslosen Formen behalten (z. B. *gréne* = ahd. *gruoni*); in den übrigen Formen haben sie es ausgeworfen und die betreffenden Formen unterscheiden sich von denen der übrigen Adjectiva nur durch den durchgängigen Umlaut, wo dieser überhaupt möglich ist. z. B.

sg. nom. m. f. *grêne*, gen. m. n. *grênes*, f. *grênre*, dat. m. n. *grênum*,
f. *grênre*, acc. m. *grênne*, f. n. *grêne;* iust. m. n. *grêne*.
pl. nom. acc. m. f. *grêne*, n. *grênu*, gen. *grênra*, dat. *grênum*.

Wo dagegen der Wurzelvocal keinen Umlaut zulässt, unterscheidet sich die Declination dieser Adjectiva von der gewöhnlichen Adjectivdeclination eben nur durch das *e* in den flexionslosen Formen, d. h. im nom. sg. m. f. n. und im acc. sg. n.

6) Die *Adjectivstämme auf va-* vocalisieren in den flexionslosen Casus das auslautende *v* zu *u* oder *o* (z. B. *bealu bealo* St. *balava-, balva-; fealu, gearu, geolu* gelb; *mearu* zart; in den flectierten Formen dagegen bleibt das *v* z. B. *bealves bealvre* etc. und daneben finden sich auch Formen mit *uv* statt *v* als Rest des ursprünglichen volleren Stammesausgangs *ava-* ganz wie bei dem subst. (z. B. *bealuves, bealuvre*); die Vocalisierung des *v* findet aber zum Teil auch im acc. sg. m. statt (z. B. *gearone, fealone* neben *fealuvne* etc.). Ist der consonantische Wurzelauslaut ausgefallen, so kann in den flexionslosen Formen das *u-, -o* auch in den unmittelbar vorausgehenden langen Vocal absorbiert werden, z. B. *blæ* neben *blavo blêo*, gen. *blæwes* blau.

B. Schwache Declination.

Diese stimmt ganz mit der schwachen Declination der Subst. überein (z. B. nom. sg. m. *blinda*, f. n. *blinde*, gen. *blindan* etc.). Die kurzsilbigen mit dem Wurzelvocal *a* trüben diesen niemals zu *ä* (z. B. sg. nom. m. *blaca*, f. n. *blace* etc.). Nur in Bezug auf die Endung *-um* des dat. pl. ist zu bemerken, dass sich dafür zuweilen auch die Endung *-an* findet (z. B. *uferan dôgrum* statt *uferum dôgrum*).

C. Steigerung der Adjectiva.

1) Der *Comparativ* wird gebildet durch die Suffixe *-ir* und *-ôr* (goth. *-is, -ôs*) und die Declination ist stets die der schwachen Adjectiva. Der Vocal jener beiden Suffixe aber ist im Ags. vor dem *r* durchweg ausgefallen, und welches von beiden Suffixen in den einzelnen Fällen vorliegt, ist nur aus dem Eintreten und Unterbleiben des Umlauts zu erkennen, soweit überhaupt der Wurzelvocal des Umlauts fähig ist; wo letzteres nicht der Fall ist, bleibt dagegen die ursprüngliche Gestalt des Suffixes zweifelhaft; z. B.

lang lengra, geong gyngra (gingra) und *geongra; strang strengra; eald eldra (yldra); leóf leúfra; brád brádra, earm earmra, ceald cealdra; fäger fägerra, hvät hvätra (hvatra); blîde blîdra.*

2) Der *Superlativ* endigt in der Regel auf *-est* oder *-ost* (goth. *-ist*, *-ôst*) und die Declination ist bald die starke bald die schwache Declination der Adjectiva. Die Form *-est* erscheint jedoch nicht bloss als Vertreter eines ursprünglichen *-ist*, sondern auch, sobald davor der sonst mögliche Umlaut unterbleibt, als Abschwächung von *-ost* (*-ôst*):

lang lengest; geong gyngest und *geongost* (*geongest*); *leóf leófost* (*-est*); *brâd brâdost, ríce rícest* und *rícost; hvät hvatost; gläd gladost.*

und statt *-ost* findet sich auch *-ast* oder *-ust* (*leófast, mildust*).

3) Ausser diesen Superlativen auf *-est, -ost*, welches die herschende Bildungsart geworden ist, finden sich aber auch noch andere Superlativbildungen, deren Suffix dem goth. *-duma, -ma* (skr. *-tama, -ma*) entspricht; ihre Flexion ist stets schwach; die meisten derselben sind von Präpositionen oder von Adverbien des Orts oder der Zeit gebildet:

forma primus, *hin-dema* (g. *hin-duma*) ultimus; *inne-ma* intimus; *útema* der äusserste, *mede-ma* (*meduma, -oma*) medius; *sidema* novissimus, ultimus; *läte-ma* ultimus, *nidema* infimus, *äftema* postremus.

Da aber im Sprachbewustsein das Gefühl für die superlativische Natur dieser Formen abhanden gekommen war, zumal da ihnen kein Adjectivum im Positiv zur Seite stand, wurden von ihnen durch Anhängung des gewöhnlichen Superlativsuffixes *-est* (*-yst*) noch weitere neue Superlativformen gebildet, z. B.

ýtemest, äftemest (*-yst*), *nidemest, formest* und *fyrmest, yfemest yfmest* oberst.

4) Unregelmässige Steigerungen, d. h. Comparative und Superlative von andern Adjectivstämmen als der Positiv gebildet, sind folgende:

gôd: *betera* (*betra*), *betost, -ast* (für *betest?*) und *betst*.
yfel: *vyrsa, vyrsest* (*vyrst*) und assimiliert *vyrrest*.
mycel: *mâra, mæst*.
lytel: *lässa, läst*.

[*lässa* für *läsra* entspricht dem goth. Comparativ *lasiv-ôza* infirmior, von *lasivs* infirmus].

D. Declination der Participien.

Die Declination der Participien ist im Ags. die der Adjectiva und zwar teils stark, teils schwach, soweit sie nicht wie *feónd, freónd, hælend, vealdend* etc. ganz zu Substantiven geworden sind.

E. Der sog. flectierte Infinitiv oder das Gerundium.
Der sog. Dativ des Infinitivs auf -*enne* (-*nne*), von der Präposition *tô* regiert, entspricht dem lat. Gerundium mit *ad*, z. B. *tô svingenne* ad flagellandum, *tô bindenne* ad ligandum, *tô gânne* ad eundum, *tô fleónne* ad fugiendum.

Dass jedoch diese Formen mit dem Infinitiv gar nichts zu tun haben, sondern vielmehr ursprünglich formell nichts anderes sind als passivisch gebrauchte Dative des Participii Praesentis, indem das *nn* aus *nd* durch Einfluss eines ursprünglich folgenden *j* assimiliert ist, lässt sich am Vollständigsten im Andd. nachweisen. Aber auch im Ags. finden sich hin und wieder noch Formen mit nicht assimiliertem *nd*, z. B. *tô sprecende* etc. Diese Formen mit *nd* finden sich freilich erst in späterer Zeit, sind aber nicht als Neubildungen zu betrachten, sondern lediglich als dialectisch aus älterer Zeit bewahrte Eigentümlichkeiten, die nur erst später mit den betreffenden Dialecten Eingang in die Schriftsprache fanden. Am besten bezeichnet man die betreffenden Formen auf -*enne*, -*ende* als deutsche *Gerundien*.

Zalwörter.

A. Cardinalzalen.

Die Cardinalzalen declinieren wie in allen deutschen Sprachen teils gar nicht, teils stark und zwar bald nach der adjectivischen bald nach der substantivischen Declination.

1) Ags. *ân*, declinicrt wie das adj. *blind*, also: gen. *ânes ânre ânes*, dat. *ânum ânre ânum*, acc. *œnne ânne âne ân*, inst. m. n. *âne*. Der starke Plur. *âne* (gen *ânra*) bed. singuli, nonnulli, und die schwache Form *âna* bed. solus.

2) Ags.: nom. acc. m. *tvegen*, f. *tvâ*, n. *tva tu;* gen. *tregra*, und *tvega*, dat. *tvâm* und *tvam*. Diesem Zalwort steht in der Bedeutung ἀμφότεροι zur Seite das Zalwort nom. acc. m. begen, f. *bâ*, n *ba bu*, gen. *begra* und *bega*, dat. *bâm* und *bæm*. Beide Zalwörter werden auch häufig mit einander verbunden in der Bedeutung *zweibeide;* nom. acc. *ba tva*, *bu tu* und dat. *bâm tvâm* (z. B. *inc bâm tvâm* euch zweibeiden). — Übrigens wird das n. *tva tu* sowie *ba bu* auch gebraucht, wenn mehrere Geschlechter zusammengefasst werden, z. B.

þâ forman tva, fäder and môdor; sinhîvan tu.

3) Ags. nom. acc. m. *þri þrŷ*, f. u. *þreó þrió þriá þrie;* gen. *þreóra,* dat. *þrim þrŷm.*

4—9: Ags. *feóver, fif, six (syx, siex), seofon, ahta (eahta), nigon (nigen)* in der Regel flexionslos; doch finden sich auch flectierte Formen, z. B. nom. acc. *feóvere, fife, seofone (syfone), nigene;* gen. *feóvera, seofena, nigena,* dat. *fifum, feóverum, seofenum, nigenum.* Neben *feóver* findet sich in Zusammensetzungen auch noch das dem goth. *fidvôr* mehr entsprechende *fider-, feder-* (z. B. *fiderfête* vierfüssig).

10: Ags. *ten tyn* unflectiert, oder nom. acc. *tene tyne,* gen. *tena tyna,* dat. *tenum tynum.*

11: Ags. *endleofan endlufan endlyfan* (goth. *ainlif* altfries. *and-lova*) oder *ellefan;* unflectiert oder nom. acc. *ellefne.*

12: Ags. *tvelf* unflectiert, oder nom. acc. *tvelfe,* gen. *tvelfa,* dat. *tvelfum.*

13—19: Ags. ebenso wie in den übrigen deutschen Sprachen zusammengesetzt (*-tene* stets mit *-e*), z. B. *þreótene, -tyne* (n. auch *þreóteno, -tenu, -tino*), *feóvertene, fiftene* etc.

20—60: Ags. werden diese Zehner mit *-tig* gebildet: *tvêntig, þritig (þrittig), feóvertig, fiftig, sixtig.* Diese Zalen werden auch substantivisch als sg. u. gebraucht, bilden dann den gen. auf *-es* (z. B. *þrittiges, fiftiges*) und regieren den partitiven Genitiv. Bei adjectivischem Gebrauch sind sie entweder flexionslos oder sie bilden den gen. auf *-a,* den Dativ auf *-um* (z. B. *fiftiga, fiftigum*).

21, 22 etc. werden wie in den übrigen deutschen Sprachen gebildet, z. B. Ags. *ân and tvêntig, tvâ and tvêntig* etc.

70—120: Ags. werden diese Zehner ebenso wie 20—60 mit *-tig* gebildet, aber es tritt noch meist das Wort *hund* vor:
70. *hund-seofontig,* 80. *hund-eahtatig,* 90. *hund-nigontig,* 100. *hund-teontig* (zehnzig), 110. *hund-endleofantig, hund-endlufontig* (elfzig) und 120. *hund-tvelftig* (zwölfzig). Das vorgesetzte *hund,* das im goth. *sibuntê-hund, taihuntê-hund* hinten erscheint und sein Zusammenhang mit *hund* (centum), ist noch nicht genügend erklärt; es fällt weg, sobald noch Hunderte neben diesen Zalen genannt werden, z. B. 170. *hund and seofontig.*

100: Ags. wird 100 alleinstehend durch das vorhergenannte *hund-*

teontig ausgedrückt; sobald aber von mehreren Hundert die Rede ist oder noch Zehner hinzutreten, steht dafür einfaches *hund*, z. B. 200. *tva hund*, 300. *þreó hund* etc. Dies *hund* ist indeclinables subst. n., und es erscheint dafür auch das substantivisch flectierte *hundred*.

1000: Ags. *þûsend* subst. n.; nom. acc. sg. *þûsend*, gen. *þûsendes*; nom. acc. pl. *þûsendu* (*-do*, *-de*), gen. *þûsenda*, dat. *þûsendum*.

B. Ordinalzalen.

Die Ordinalzalen sind im Ags. folgende:
1. *forma fyrmesta fyrsta*; 2. *ôder*; 3. *þridda*; 4. *feórda feóverda*; 5. *fifta*; 6. *sixta*; 7. *seofoda* (*-eda*); 8. *eahtoda*; 9. *nigoda*; 10. *teoda*; 11. *endleofeda endlefta ellefta*; 12. *tvelfta*; 13. *þreotteoda*; 14. *feóverteóda* etc.; 20. *tvêntigoda*; 30. *þrittigoda* etc.; 70. *hund-seofontigoda*; 100. *hund-teontigoda*.

Sie declinieren mit Ausnahme des starken *ôder* sämtlich schwach. Bei addierender Zusammenfügung mehrerer Zalen trägt nur das letzte Zalwort das Ordinalzeichen, z. B.

21. *ân and tventigoda*, 115. *hund and fifteoda*; 230. *tva hund and þrittigoda*.

C. Andere Zalwörter.

1) Mit der erwähnten Cardinalzal für *zwei* (*tvegen tvâ* etc.) hängen noch einige andere Bildungen zusammen. In Zusammensetzungen erscheint dafür Ags. *tvi-*, *tvy-* (z. B. *tvifeald*, *tvi-läpp* zweilappig, und sogar *tvi-hund* neben *tva hund*); *twifald* und *twafald* etc. Für *tvegen* etc. steht auch Ags. der einfache acc. *tvih* (*mid unc tvih inter nos binos*), und mit der Præp. *be*, *bi* verschmilzt es zu *betvih betveoh betvuh betuh*, was als Præp. mit nachstehendem Dat. gebraucht wird in der Bedeutung *zwischen*, und dieses Præp. dauert auch im Nags. fort (Lay. *bitwige*, *bitueigen*). — Ferner entspricht der Ahd. Ableitung *zuisk* zweifach (z. B. *in in zwisken* in iis binis, *undar in zwisken*) im Ags. *tvix*, aber nur noch mit *be* zusammengesetzt in der gleichfalls mit dem nachstehenden Dativ verbundenen Præp. *betvix*, *betvux* (*betvihs betveohs betvuhs*) zwischen. — Der gothischen Distributivzal *tveihnai* (bini) entspricht der Ags. dat. pl. *tvînum*, *tvŷnum*, *tveónum* mit der Præp. *be* und dem zunächst dazwischen tretenden Dativ, z. B.

be sæm tveónum (inter bina maria, zwischen den Seen), wie in gleicher Weise auch der dat. *tvæm* der gewöhnlichen Cardinalzal gebraucht wird; später aber verschmilzt auch dies *treónum* mit *be* zu einer untrennbaren Präposition in der Bedeutung *zwischen*, die zwar ihrem Ursprung gemäss meist mit dem nachstehenden Dativ, aber allmälich auch mit dem acc. verbunden wird; diese Præp. lautet Ags. *betveónum, betvînum betvŷnum* oder auch *bitveón*.

2) Die Multiplicativa werden, dem hochdeutschen auf *-fach*, *-fältig* entsprechend, durch Zusammensetzung mit Aags. *-feald* Nags. *-fald*, *-feld-, -vold,* Aengl. *-fold* (goth. *-falps*, lat. *-plex*) ausgedrückt, z. B. Ags. *ânfeald* simplex, *twifeald twigfeald* duplex, *seofonfald* septuplex.

3) Allgemeine Zalbegriffe wie *wenig, viel* etc. werden ausgedrückt durch Ags. *feá* paucus, *manig* (*monig mänig*) mancher, viel, *fela feola feala* viel, *sum* mancher. — Ags. *feá* (paucus) teils adjectivisch, teils mit dem partitiven Genitiv verbunden substantivisch gebraucht; der Plur. decliniert nom. acc. *feá feáve feáva*, gen. *feávera feára*, dat. *feárum feáum feám*. — Das Ags. *sum* bedeutet nicht bloss *mancher*, sondern auch *irgend einer, einer aus mehreren* und im plur. *einige;* mit dem gen. pl. verbunden dient es im Ags. zur Bezeichnung dessen, was im Ahd. durch die Composita *selpander, selpdritto* ausgedrückt wird, z. B. *fiftena sum sundvudu sôhte* (als einer von 15, ipse cum 14, selbfünfzehnter), *tvegra sum* selbander, *feára sum* (ipse cum paucis), *he eode vorla sum* (als einer der Männer, in Begleitung derselben. — Das Ags. *fela feola feala* (multum) ist indeclinables subst. n. mit partitivem gen., als sing. behandelt, aber auch als indeclinables Adjectiv.

4) Einfache Zaladverbien auf die Frage *wie vielmal* finden sich im Ags. nur für: semel, bis, ter:

semel: Ags. *æne* [eigentl. inst. von *ân*, sc. *sîde*].

bis: Ags. *tviga* (*tvuga*) *tviva* (*treova tvyva tuva*) und gen. n. *tvigges*.

ter: Ags. *þriga þriva þryva*.

Ausserdem wird der Begriff *mal* im Ags. ebenso wie im Andd. durch den Instr. sg. oder plur. des subst. *sid* (Gang) umschrieben, z. B. *forman side* primo, *ôdre sîde* zum andernmal, abermals, *feáum sîdum* wenigemal, oder auch durch den von der Præp. *on* regierten acc. von *sid* z. B. *on ænne sid* einmal.

Im Aengl. aber tritt daneben auch die Umschreibung mit *times* (=Aags. *timan tîmum*) auf, z. B. *þre times* 3mal.

Declination der Pronomina.

A. Die persönlichen Pronomina.

1. Person.

sg. nom. *ic*   dual. nom. *vit*   pl. nom. *ve* (g. *veis*)
gen. *mîn* (g. *meina*)   gen. *uncer* (g. *ugkara*)   gen. *ûsar ûre* (g. *unsara*)
dat. *me* (g. *mis*)   dat. *unc* (g. *ugkis*)
acc. *mec me* (g. *mik*)   acc. *uncit unc* (g. *ugkis ugk*)   dat. *ûs* (g. *unsis uns*)
    acc. *ûs* (g. *unsis uns*)

2. Person.

sg. nom. *þu*   dual. nom. *git*   pl. nom. *ge* (g. *jus*)
gen. *þîn* (g. *þeina*)   gen. *incer* (g. *igqara*)   gen. *eóver* (g. *izvara*)
dat. *þe* (g. *þus*)   dat. *inc* (g. *igqis*)   dat. *eóv* (g. *izvis*)
acc. *þec þe* (g. *þuk*)   acc. *incit inc* (g. *igqis*)   acc. *eóvic eóv* (g. *izvis*)

3. Person, ungeschlechtig.

Hiervon hat sich Ags. nur der gen. sg. *sîn* (g. *seina*) erhalten.

3. Person, geschlechtig.

sg. nom. m. *he;* f. *heó hió hie hî;* n. *hit*
 „ gen. m. n. *his hys;* f. *hire hyre hiere*
 „ dat. m. n. *him hym;* f. = gen.
 „ acc. m. *hine;* f. *hie hî hig heo;* n. *hit*
pl. nom. acc. *hî hig hŷ hie heo hio*
 „ gen. *hira hyra heora hiora hiera* } für alle Geschlechter.
 „ dat. *him hym heom.*

B. Demonstrativum (der) und der bestimmte Artikel.

sg. nom. m. *se;* f. *seó sió;* n. *þät*   pl. nom. acc. *þâ*
 „ gen. m. n. *þäs;* f. *þære*   „ gen. *þâra þeâra þæra*
 „ dat. m. n. *þam þäm þan þon;* f. *þære*   „ dat. *þâm þæm (þân).*
 „ acc. m. *þane þäne þone;* n. *þät;* f. *þâ*
 „ inst. m. n. *þŷ þî þig þe*

C. Das Demonstrativum „dieser".

sg. nom. m. *þes;* f. *þeós þiós* (= andd. *thius*); n. *þis*
 „ gen. m. n. *þises þisses þysses;* f. *þisse þysse* [ss im f. = sr]

sg. dat. m. n. *þisum þysum*, *-an*, *-on* (und mit *ss*); f. *þisse þysse*
„ acc. m. *þisne þysne*; f. *þás*; n. *þis*
„ inst. m. n. *þeós þýs þîs* (= andd. *thius*)
pl. nom. acc. *þás*
„ gen. *þissa þyssa* (*ss* = *sr*)
„ dat. *þisum þysum*; *þissum*, *þyssum*.

D. Das Demonstrativum „jener".

Ein dem goth. *jains jaina jainata* entsprechendes Pronomen hat das Aags. nicht, sondern nur das davon abgeleitete Localadverbium *geond* (dort, dorthin).

E. Pronomina possessiva.

Ags. ist die Flexion der Possessiva die der starken Adjectiva und sie sind gebildet von den Genitiven der persönlichen Pronomina; es sind folgende:

{ *mîn* meus, *þîn* tuus, *sîn* suus (acc. sg. m. *mînne*, *þînne*, *sînne*)
{ *uncer* νωΐτερος, *incer* σφωΐτερος
{ *úser*, *úre* noster; *eóver* vester.

úser assimilicrt, sobald bei antretender Flexion durch Ausfall des *e*, *s* und *r* zusammenstossen, das *sr* zu *ss*, z. B. gen. sg. m. n. *úsres* für *úsres*; doch wird *ss* ungenau auch in den übrigen Formen für einfaches *s* geschrieben, z. B. sg. nom. *ússer* für *úser*. Statt des Possessivums *sîn*, dass auch auf mehrere Besitzer geht, wurden in den meisten Fällen der gen. sg. und gen. plur. des geschlechtigen Pronomens gebraucht (sg. *his*, *hire*, pl. *hira*).

F. Pronomen interrogativum.

1) *quis?*: Ags: sg. nom. m *hvá*, n. *hvät*   inst. *hvi hvý hvig*
      gen. *hväs*   (in der Bedeu-
      dat. *hvam hvan hvon hrám*   tung *wie* auch
      acc. m. *hrane hväne hvone* und   *hù*).
      n. *hvät*

Es wird auch als Pronomen indefinitum (quis, aliquis) gebraucht, und die Verbindung *svá hvá svá* bedeutet *jeder welcher*.

2) *uter?* Ags. *hväder* mit starker adjectivischer Declination.

3) *qualis* (welcher)?: Ags. *hvile hvele hvyle* (starke adjectivische Declination), selten *húlic*, zusammengesetzt aus inst. *hvi* und *-lic* (-lich),

also eigentlich: wie beschaffen; *hwilc* dient aber auch in der Bedeutung *aliquis* als Pronomen indefinitum.

G. Pronomen relativum.

Das Ags. hat kein besonderes Pronomen relativum, sondern ersetzt es entweder durch die Casus des Demonstrativums *se, seó, þæt* oder durch das indelinable *þe*. Dies letztere steht entweder für sich allein oder es tritt der betreffende Casus des Demonstrativums *se* davor, z. B. *se þe, seó þe, þät þe, þäs þe, þam þe* etc.; für *þät þe* wird häufig *þätte* geschrieben; oder es tritt der Casus des persönlichen Pronomens der dritten Person hinter *þe*, in welchem Falle aber in der Regel das Demonstrativum im Hauptsatz vorausgegangen ist, z. B. *se man, þe hine þyrste* (welchen dürstete).

H. Reflexiva.

1) Im Ags. werden zunächst zum Ausdruck der reflexiven Beziehungen einfach die obliquen Casus der persönlichen Pronomina gebraucht, z. B. *þe hine ne varnad* (der sich nicht hütet). Und namentlich liebt es das Ags., den Dativ dieser Pronomina in schwach reflexiver Bedeutung fast pleonastisch zu verwenden, wo wir sie kaum übersetzen können, wo aber der Grieche das Medium gebraucht, z. B. *gevát hire vest þonan, he sceal vesan him on rynne, viste him spræca fela*.

2) Zum persönlichen Pronomen, mag dasselbe reflexiv stehen oder nicht, tritt häufig zur Verstärkung noch das Pronomen *self silf sylf seolf* (selbst) hinzu, welches adjectivisch und zwar teils stark teils schwach decliniert; die schwache Form in der Bedeutung *ipse* gilt jedoch nur im nom. sg., z. B. *þu selfa; hit is se sylfa sunu vealdendes* (der Sohn Gottes selbst); sonst dient die schwache Form zum Ausdruck von: idem, derselbe, z. B. *he bôd his sylfes* (jactatur de se ipso), *hire sylfre sunu* (ihr eigner Sohn, filius ejus ipsius) etc.

Der nom. *self* verbindet sich auch gern mit jenem schwach reflexiven fast pleonastischen Dativ des persönlichen Pronomens, z. B. *þu nu meaht þe self geseon* (du kannst nun selber sehen), *he him sylf gevát* (er gieng selber); *hie eal þis mägon him sylfe geseon*. — Tritt der gen. von *self* verstärkend zum Possessivum, so wird dieses durch Attraction gleichfalls im Genitiv gesetzt, z. B. *mînes sylfes lîc* (mein eigner Leib), *for þines sylfes sôdfästnesse, þinre sylfre sunu* (dein eigner Sohn), also grade als ob statt des Possessivums der Genitiv des persönlichen Pronomens *min þîn* stände, was in der Tat auch vorkommt, z. B. *þîn sylfes lîc, uncer sylfra sið*. Auch mit Ellipse des persönlichen Pronomens oder des Genitivs vom persönlichen Pronomen wird der blosse Genitiv von *self* gebraucht, z. B. *sleád hine ofer seolfes mûð!* (statt *ofer his seolfes*).

I. Andere Ags. Pronomina.

1) Das indeclinable *hviga, hvèga, hväga, hvugu, hvigu, hvegu, hugu* (altnordh. *hvoge hvoega*) wird an Pronomina indefinita gehängt und verallgemeinert deren Bedeutung, z. B. *hvät-hvega* aliquid, *hvilc-hvega* aliquis, *hvilcne-hugu* aliquem. — [*hviga* selbst aber ist nichts anderes als der inst. sg. n. des Pron. *hvâ* (der ja *hvî hve hvig* lautet) mit der enklitischen Partikel -*ga*, -*gu*, die dem gothischen verallgemeinernden -*h*, -*uh* (lat. -*que*) entspricht, also *hvega hviga* = goth. *hvê-h*, und es bedeutet demnach eigentlich *in irgend einer Beziehung, auf irgend eine Weise* (cf. *hvî hû* wie)].

2) Das correlative *svâ ... svâ* (so ... so) dient überhaupt dazu, das griechische ὅσος auszudrücken, z. B. *svâ fela svâ* ὅσοι, soviele als, *svâ lange hvîle svâ* so lange als. In gleicher Weise wird es nun mit gleicher Wortstellung auch auf einfache Pronomina angewandt und dient zum Ausdruck der verallgemeinernden Pronomina wie das lat. -*cunque*, z. B.

svâ hvâ svâ quicunque, *svâ hväs svâ* cujuscunque, *svâ hväder svâ* utercunque.

Auch in den folgenden Perioden dauert dieser Gebrauch fort, nur dass sich *svâ* allmälig zu *so se* verkürzt.

3) Die Partikel *ge-* (goth. *ga-*) dient wie das lat. enklitische -*que* zur Verallgemeinerung des Pronominalbegriffs, z. B. *gehvâ* quisque, *gehväs* cujusque, *gehväder* uterque, *gehvilc* quisque; ebenso auch bei pronominalen Adverbien, z. B. *gehvär* ubique, *gehvanon* undique.

4) Das verallgemeinernde Präfix *â- ô-* (ahd. *êo-*) in Pronominalbildungen ist verschieden von der dem goth *us-* nhd. *er-* entsprechenden Partikel *â-*; es bedeutet *je, irgend* und entspricht dem goth. adverbial gebrauchten *aiv, aiva* (acc. u. dat. von *aivs* ævum) *jemals* oder *immer*, und in dieser Bedeutung kommt Ags. *â* neben der volleren Form *âva* auch noch als selbständiges Adverbium vor. Damit zusammengesetzte Pronomina sind z. B. folgende:

âviht (*ôviht âht ôht*) aliquid, *nâviht* (*nâht nôht*) nullum, nihil *âhväder* (*âvđer ádor ôvder*) aliquis oder alteruter *nâhväder* (*nâvđer nôvder nôđer*) neuter.

5) Die beiden Präfixe *á-* und *ge-* werden aber auch mit einander verbunden in der Form *æg-*, z. B. *æg-hvilc* (ahd. *êo-ga-huëlih*) unusquisque, *æg-hväder* (ahd. *êo-ga-huedar*) uterque, *aghvá* quisque etc.

6) Ags. *älc* omnis, quisque, von einem Stamm *alakja-*, zu dem auch das Adv. goth. *alakjô* ahd. *alluha* (omnino) gehört, also zu *eall* (g. *alls*) omnis gehörig.

7) *se ilca*, *seó ilce*, *þät ilce* (oder *ylca ylce*) = idem, derselbe, ist den übrigen deutschen Sprachen fremd; zu Grunde liegt offenbar derselbe demonstrative Pronominalstamm *i-*, der auch im lat. *is* und *i-dem* steckt, während *lc* wie bei *hvylc* auf *-lîc* beruht. Ausserdem wird im Ags., wie schon bemerkt, der Begriff *idem* durch das mit dem Artikel verbundene schwache *sylfa* ausgedrückt (*se sylfa*, *seó sylfe* etc.).

8) Ags. *svilc srylc svelc* ist entstanden aus *sválîc* = goth. *svêleiks* Ahd. *sulih*.

9) Ags. *þŷlic* (altn. *þvi-likr*) talis, ist zusammengesetzt mit dem Inst. des Demonstrativums; es findet sich auch in der verkürzten Form *þylc þilc*. — Verschieden davon ist das gleichlautende *þyslic* (*þislic*) oder assimiliert *þillic* (Nags. *þullich þellich*) von *þus* (so).

Im verlage von Georg H. Wigand in Cassel wird im nächsten jahre erscheinen:

Chr. Grein's Bibliothek der Angelsächsischen poesie. Neu bearbeitet und nach eignen lesungen der handschriften herausgegeben von Richard P. Wülcker. 3 bde.

Zwanzig jahre sind es her, dass Grein den ersten band seiner Angelsächsischen Bibliothek veröffentlichte. Eine neue ausgabe dieses werkes muste daher eine neubearbeitung desselben werden. Vor allen dingen musten die hss., welche Grein niemals sah, neu verglichen werden. Dies ist nun vom herausgeber in den bibliotheken zu London, Exeter und Oxford geschehen. Es werden daher in der angekündigten ausgabe alle texte auf handschriftliche lesung hin geboten und somit soll der grosse vorwurf, welchen man mit recht bisher der „Bibliothek der Angelsächsischen Poesie" machte, nach möglichkeit aufgehoben werden. Auch einige zeitgemässe änderungen im drucke, die sich als wünschenswert heraus stellten, sollen vorgenommen werden.

Der erste band wird alle epischen stücke, die didaktischen und historischen dichtungen der Angelsachsen enthalten, also:

1. Des Sängers Weitfahrt.
2. Beowulf.
3. Kampf um Finnsburg.
4. Waldere.
5. Des Sängers Trost.
6. Wanderer.
7. Seefahrer.
8. Ruine.
9. Klage der Frau.
10. Botschaft des Gemahls an seine Frau.
11. Verschiedene Zaubersegen.
12. Runenlied.
13. Denksprüche (nach Cotton- u. Exeter-hs.).
14. Des Vaters Lehren.
15. Byrhtnod's fall.

16. Lieder aus der Sachsenchronik.
17. Gedicht auf Durham.

Wie aus diesem verzeichnisse zu ersehen ist, behielt der herausgeber im allgemeinen die bekannten titel bei. Nur sind sie alle Deutsch gegeben, während Grein Deutsche, Angelsächsische und Lateinische titel mischte.

Zugleich wird derselbe herausgeber die von Grein begonnene „Bibliothek der Angelsächsischen Prosa" fortsetzen.

Der zweite band dieser sammlung soll enthalten:

1. Die Übertragung des Boetius de Consolatione philosophiae durch König Älfred.

2. Bearbeitung und übertragung der Soliloquien Augustin's und von dessen schrift „De videndo deo" durch König Älfred.

Leipzig, im November 1879.

Richard Paul Wülcker.

Aus Grein's nachlasse werden ferner erscheinen:

Beowulf, nebst dem fragmente von Finnsburg. Herausgegeben mit einem wörterbuche von Christian Grein. Zweite auflage, mit einer grammatik und bibliographie zu Beowulf versehen, von R. P. Wülcker.

Beowulf. Aus dem Angelsächsischen stabreimend übertragen von Chr. Grein. Nach Grein's tode besorgt von R. P. Wülcker.

In gleichem Verlage ist erschienen:

Linguistische Allotria.

Laut-, Ablaut- und Reimbildungen
der
englischen Sprache
von
Prof. Dr. Friedrich Koch.

Nach dem Tode des Verfassers herausgegeben
von
Dr. Eugen Wilhelm.

Zweite Ausgabe.

Preis 2 Mark.

Ueber die
„Linguistische Allotria"

schreibt man in Herrig's Archiv, Band 53, Heft 1, wie folgt:

Beim Titel dieser Schrift wird man unwillkürlich an den Ausspruch der jüdischen Weisen erinnert, dass selbst das profane oder leichte Gespräch der Gelehrten belehrend sei. Diese „Allotria" würden genügen, den Ruf eines neu auftretenden Linguisten zu gründen; für Koch, den berühmten Verfasser der historischen Grammatik der englischen Sprache, legen sie nur ein neues Zeugniss ab, wie unablässig er in seiner Erforschung der Sprachgesetze im Allgemeinen und deren Anwendung auf das Englische insbesondere war, so dass er auch dem, was man den Spieltrieb derselben nennen könnte, auf Schritt und Tritt nachging und ihn hier in erschöpfenderer Weise, als in seiner Grammatik, behandelt hat. Dass er die bei solchen Untersuchungen nöthige Vorsicht nicht aus den Augen gelassen hat, beweist schon die Einleitung, wo er die Grundsätze, die ihn dabei geleitet haben, näher auseinandergesetzt hat. Man lese z. B., was er pag. XVII und XVIII über „Brüllen" und „Brummen" beibringt und was ihn zu dem Schlusse führt, „dass der Hinblick auf die germanischen Sprachen uns nöthigt anzuerkennen, dass bisweilen Wurzeln solchen Bildungen zu Grunde liegen, die nicht ursprünglich, sondern erst später als Lautnachahmungen erscheinen". Und da, wie er sagt, „das Bedenken rege wird, ob es überhaupt ursprünglich eine sprachliche Nachbildung der Naturlaute gibt," so betrachtet er nur die Wörter, welche ihm unzweifelhaft als Naturlaute erscheinen. Den Grund dafür, dass der Naturlaut in den alten Sprachen sich weniger rege erhalten hat, als in den germanischen und vorzugsweise in den niederdeutschen Sprachen, findet er im Accentgesetze. Sobald der Accent nämlich vorrückt, so muss der ursprüngliche Laut zurücktreten und entzieht sich dadurch dem Bewusstsein. So z. B. „klingt das e im lat. bê-lo noch vor, während es in bala-re dem a weicht." „Ebenso klingt skrt. kar, gr. $\varkappa o\varrho$, lat. cor. der Ruf der Krähe noch durch; in $\varkappa o\varrho$-$\omega\nu\eta$ und in cor-nîc-is muss er verklingen." Das Kapitel I, die Lautbildungen behandelnd, zerfällt in 6 Abtheilungen, nämlich die Bildungen A mit auslautenden Vocalen, B mit auslautenden Liquiden, C mit Zischlauten im Auslaute, D mit Mutae im Auslaute, E mit auslautenden Dentalen und F mit auslautenden Gutturalen. In dieser Abtheilung mag manches Unsichere sein — zur Unfehlbarkeit hat es die Etymologie noch nicht gebracht — gegen die Methode des Verfassers wird sich aber gewiss nichts einwenden lassen. Die Ablaut- und Reimbildungen, die bei scheinbarer Willkür dennoch im Englischen, wie im Deutschen auch, eine Gesetzmässigkeit nicht verkennen lassen, sind wohl so ziemlich vollständig angegeben und in ebenso belehrender wie unterhaltender Weise — möchte man fast sagen — vorgeführt.

Der Herausgeber verdient für die Sorgfalt, die er auf das, wie er sagt, „etwas eilfertig geschriebene Werk, an das der Verfasser die letzte bessernde Hand, wie er sehnlichst wünschte, nicht mehr zu legen vermochte", verwendet, alle Anerkennung. Auch die Ausstattung lässt nichts zu wünschen übrig.

De infinitivi,
linguarum sanscritae bactricae persicae graecae oscae umbricae latinae goticae
forma et usu
scripsit
Eugenius Wilhelmus,
Phil. Doctor.
Preis 4 Mark.

Zeitschrift für vergleichende Sprachforschung Band XXII, 4. Heft, Seite 334: „Vorliegende Arbeit ist als ein durchaus erfreulicher und höchst werthvoller Beitrag zur Sprachwissenschaft, speciell zur vergleichenden Syntax, zu bezeichnen, der, gestützt auf eine genaue und sorgfältige Kenntniss des vedischen Sprachgebrauchs, besonders für die syntaktischen Gebrauchsweisen des griechischen, lateinischen und gotischen Infinitivs höchst reichhaltige Zusammenstellungen giebt."

Revue de linguistique Tome V, 4 fasc.: „M. Wilhelm s'adresse à un sujet bien vaste et qui reclamera longtemps encore de patientes recherches. Hâtons-nous de dire que son écrit nous paraît clair, methodique et capable de faire avancer la question . . . . . . L'ouvrage occupera une place honorable dans l'histoire de l'établissement de la syntaxe comparative indo-européenne."

DE VERBIS DENOMINATIVIS
LINGUAE BACTRICAE.
SCRIPSIT
EUGENIUS WILHELM,
PHIL. DOCTOR, GYMNASII JENENSIS PROFESSOR.
Preis 1 ℳ 50 ₰.